AF726716

Jule Claes

BELGISCHES

KOCHBUCH

WirmachenDruck.de
Sie sparen, wir drucken!

Email: info@edition-lunerion.de
www.edition-lunerion.de

Psiana eCom UG
Berumer Str. 44
26844 Jemgum

Vorwort

Bei Belgien denken Sie an Brüssel und das EU-Parlament? Darüber hinaus vielleicht an touristische Urlaubs-Highlights? Doch kulinarische Assoziationen sind eher Fehlanzeige? Dann verpassen Sie etwas! Denn die Küche Belgiens punktet mit einzigartiger Vielfalt – und mit diesem Kochbuch entdecken Sie die ganz einfach zuhause.

Im Herzen Europas, umgeben von kulturell eng verwandten Nachbarn und mit gemäßigtem Klima sowie vielfältiger Natur gesegnet: Belgien hat das Glück, „von allem etwas" zu bekommen, und genauso abwechslungsreich-kreativ präsentiert sich seine Landesküche. Ob herzhaft und deftig, leicht und raffiniert oder verführerisch-süß – belgische Speisekultur schöpft in jeder Geschmacks-Lebenslage aus einem reichen Schatz traditioneller Leckereien und bietet mit bodenständigen Alltags-Köstlichkeiten genauso wie erlesenen Genießer-Menüs feine Ideen für jede Situation. Veggies, Fleischliebhaber, Fischfans, Freunde der gesunden Küche und Naschkatzen kommen hier gleichermaßen auf ihre Kosten und entdecken berühmte Klassiker ebenso wie kulinarische Überraschungsmomente.

Guten Appetit!

INHALT

Frühstück

BRÖTCHEN NACH LIMBURGER ART – WURSTBRÖTCHEN

8 Brötchen | 1,5 Std. | Leicht

Zutaten

550 g Brot/Brötchen-Backmischung
275 ml Wasser, lauwarm
50 g Butter
2 TL Salz
1 Würfel Hefe
750 g Hackfleisch, gemischt
1 Ei
1 EL Milch
Salz, Pfeffer, Paniermehl
Gewürze nach Wahl: bspw. Paprikapulver, Chili

Nährwerte p. P.

321 kcal
21 g Kohlenhydrate
9 g Fett
18 g Eiweiß

1 Geben Sie Hefe und Wasser in eine große Schüssel. Verrühren Sie den Würfel so lange im Wasser, bis er sich aufgelöst hat.

2 Geben Sie die Backmischung, Salz, und die Butter in die Schüssel und kneten Sie die Zutaten zu einem Teig. Nutzen Sie dafür die Knethaken.

3 Lassen Sie den Teig nun zugedeckt an einem warmen Ort für 30 Min. ruhen.

4 Bereiten Sie in der Zwischenzeit das Fleisch vor. Vermengen Sie dafür Hackfleisch, Ei, Milch, Paniermehl und Gewürze miteinander.

5 Teilen Sie den Teig und das Hackfleisch jeweils in acht Teile.

6 Rollen Sie die Teigstücke zu Quadraten aus und legen Sie eine Fleischfüllung darauf. Klappen Sie die Ränder des Brötchenteigs nun so zu, dass ein Brötchen entsteht.

7 Legen Sie die Brötchen mit den Kanten nach unten auf ein mit Backpapier belegtes Backblech.

8 Lassen Sie die Brötchen noch einmal 10 Min. ruhen. Heizen Sie in der Zwischenzeit den Backofen auf 180 Grad Ober-/Unterhitze vor.

9 Backen Sie die Brötchen für 30 Min.

Tipp: Die Brötchen können warm oder kalt serviert werden.

OBSTFRÜHSTÜCK – FEINGEBÄCK MIT BEEREN

6 Obstschnitten | 20 Min. | Leicht

Zutaten

100 g Schmelzkäse
6 Erdbeeren
50 g Heidelbeeren
1 Ei
1 Bogen Blätterteig
50 g weiße Schokolade
1 Pck. Vanillezucker

Nährwerte p. P.

186 kcal
14 g Kohlenhydrate
12 g Fett
4 g Eiweiß

1 Heizen Sie den Backofen auf 200 Grad Ober-/Unterhitze vor.

2 Schneiden Sie den fertigen Blätterteig in sechs gleich große Rechtecke. Klappen Sie die Ränder des Teigs hoch, sodass kleine Körbe entstehen, in die Sie später das Obst geben können.

3 Verquirlen Sie das Ei und bestreichen Sie die Teigränder. Geben Sie die Blätterteig-Körbe in den Backofen und backen Sie sie für etwa 12 Min. aus.

4 Bereiten Sie in der Zwischenzeit das Obst vor. Waschen und putzen Sie die Beeren und trocknen Sie sie ab.

5 Schmelzen Sie die Schokolade in einem Wasserbad.

6 Rühren Sie den Vanillezucker unter den Schmelzkäse.

7 Lassen Sie die Blätterteig-Körbe auskühlen, bestreichen Sie sie mit dem Schmelzkäse und garnieren Sie sie anschließend mit dem Obst und der geschmolzenen Schokolade.

DEFTIGES CIABATTA-FRÜHSTÜCK

10 Scheiben Baguette | 20 Min. | Leicht

Zutaten

1 Ciabatta
1 Rolle Kräuterbutter mit Knoblauch
100 g Schinkenwürfel
100 g belgischer Käse, gerieben
Kräuter, Pfeffer, Salz

Nährwerte p. P.

230 kcal
17 g Kohlenhydrate
22 g Fett
12 g Eiweiß

1 Heizen Sie den Backofen auf 180 Grad Ober-/Unterhitze vor.

2 Halbieren Sie das Ciabatta längs. Entfernen Sie einen Teil des Teigs, um das Baguette füllen zu können.

3 Bestreichen Sie beide Hälften mit der Kräuterbutter.

4 Belegen Sie sie nun mit dem Käse, dem Schinken und würzen es mit beliebigen Kräutern, Salz und Pfeffer.

5 Backen Sie die Baguettehälften für 15 Min. im vorgeheizten Backofen.

Tipp: Servieren Sie das Ciabatta am besten sofort – noch warm.

KALTES FRÜHSTÜCK – GEFRORENE JOGHURTRIEGEL

4 Port. | 10 Min. | Leicht

Zutaten

600 g Naturjoghurt
1 Kiwi
200 g Erdbeeren
100 g Blaubeeren
200 g Pflaumen

Nährwerte p. P.

133 kcal
13 g Kohlenhydrate
3 g Fett
7 g Eiweiß

1 Bereiten Sie zunächst das Obst vor. Waschen Sie es gründlich ab, trocknen es und schneiden Sie Erdbeeren, Kiwi und Pflaumen in kleine Stücke.

2 Legen Sie den Boden einer großen Auflaufform mit Backpapier aus.

3 Verteilen Sie den Joghurt gleichmäßig auf dem Backpapier. Geben Sie das Obst darauf und lassen Sie die Auflaufform für mindestens 3 Std. im Gefrierfach ruhen.

4 Lassen Sie die Masse für 10 Min. antauen. Schneiden Sie nun gleichmäßige Riegel oder brechen Sie kleine Stücke daraus.

BROTFRÜHSTÜCK – MIT BELGISCHEM KÄSE

4 Scheiben Brot | 10 Min. | Leicht

Zutaten

4 Scheiben Vollkornbrot
200 g Brie
2 EL Heidelbeeren
150 g Erdbeeren
2 EL Kürbiskerne
1 EL Walnüsse
Rucola

Nährwerte p. P.

218 kcal
98 g Kohlenhydrate
11 g Fett
8 g Eiweiß

1 Toasten Sie die Toastscheiben und lassen Sie sie etwas abkühlen.

2 Schneiden Sie den Brie in dünne Scheiben. Waschen Sie Erdbeeren und schneiden Sie sie in dünne Scheiben oder Würfel. Die Heidelbeeren können nach Belieben ganz bleiben.

3 Belegen Sie die Toastscheiben mit Brie und den Beeren.

4 Garnieren Sie die Brote nach Belieben mit Salat, Walnüssen und Kürbiskernen.

Tipp: Dieses Rezept lässt sich nach Belieben variieren. Nüsse, Beeren und Käse können frei kombiniert werden.

CLUB SANDWICH GAUMAIS |

KÄSESANDWICH

3 Port. | 10 Min. | Leicht

Zutaten

6 Scheiben helles Brot
3 Eier
5 EL Milch
5 EL belgisches Bier
2 Scheiben Orval-Käse
2 Scheiben roher Schinken
100 g Feldsalat
1 EL Senf
Salz, Pfeffer, Butter

Nährwerte p. P.

211 kcal
49 g Kohlenhydrate
4 g Fett
2 g Eiweiß

1 Bereiten Sie zunächst aus Eiern, Milch, Bier und den Gewürzen eine Mischung vor.

2 Erhitzen Sie 1 EL Butter in einer Pfanne und braten Sie die Omelettmasse in der Pfanne an. Rühren Sie den Orval-Käse kurz unter.

3 Toasten Sie die Brotscheiben und bestreichen Sie sie mit Butter und Senf. Belegen Sie eine Seite mit einem Teil der Omelettmasse, geben Sie die eine Scheibe Schinken darauf und anschließend den Salat.

4 Drücken Sie die andere Scheibe Brot auf den Belag. Servieren Sie das Sandwich lauwarm.

LÜTTICHER WAFFELN – BELGISCHE WAFFELN – SÜß

10 Waffeln | 20 Min. + 50 Min. Arbeitszeit | Leicht

Zutaten

400 g Mehl
1/2 Pck. Trockenhefe
50 g Zucker
1 Prise Salz
100 g Butter
170 ml Milch
2 Eier
1 Vanilleschote
150 g Hagelzucker
3 EL Puderzucker
Etwas Öl oder Butter für das Waffeleisen

Nährwerte p. P.

317 kcal
46 g Kohlenhydrate
10 g Fett
8 g Eiweiß

1 Mischen Sie zunächst die trockenen Zutaten in einer großen Schüssel. Mehl, Trockenhefe, Zucker und Salz werden also kurz miteinander vermengt. Bereiten Sie nun die Vanilleschote vor, indem Sie sie längs halbieren und mit einem scharfen Messer das Mark herausschieben.

2 Erwärmen Sie Butter und Milch bei niedriger Stufe in einem kleinen Topf. Die Butter sollte weich sein, sich jedoch nicht komplett aufgelöst haben. Geben Sie diese Mischung gemeinsam mit den Eiern zu den trockenen Zutaten und verrühren Sie alles mit einem Handrührgerät für etwa 1 Minute auf höchster Stufe.

3 Fügen Sie nun den Hagelzucker und das Mark der Vanilleschote hinzu. Vermengen Sie alle Zutaten noch einmal zu einem glatten Teig. Stellen Sie den Teig nun an einen warmen Ort. Dort sollte er etwa 50 Min. ruhen.

4 Bereiten Sie das Waffeleisen vor, indem Sie etwa 1 TL Butter auf beide Seiten verteilen. Backen Sie für eine Waffel etwa 1 EL Teig im Waffeleisen aus.

Tipp: Mit Puderzucker bestreuen und warm servieren. Dazu passen Beeren, Kirschen oder warmes Apfelkompott.

BRÜSSELLER WAFFELN –BELGISCHE WAFFELN MIT LEBKUCHENGEWÜRZ

10 Waffeln | 20 Min. | Leicht

Zutaten

200 g weiche Margarine oder Butter
110 g Rohrzucker
3 Pck. Vanillezucker
4 Eier
350 g Mehl, Typ 550
1 Pck. Backpulver
1 Prise Salz
200 ml Milch
70 ml Mineralwasser mit Kohlensäure
15 g Lebkuchengewürz
Etwas Öl für das Waffeleisen

Nährwerte p. P.

348 kcal
59 g Kohlenhydrate
8 g Fett
8 g Eiweiß

1 Rühren Sie zunächst die Butter mit Rohrzucker und Vanillezucker mit einem Handrührgerät schaumig. Geben Sie nun die Eier hinzu und rühren Sie diese kurz unter.

2 Vermengen Sie nun das Mehl mit dem Backpulver und dem Salz. Diese Mischung wird abwechselnd mit der Milch untergerührt.

3 Zum Schluss wird das Lebkuchengewürz mit dem Wasser kurz untergerührt. Nun sollte der Teig etwa 20 Min. im Kühlschrank ruhen.

4 Heizen Sie das Waffeleisen vor und bestreichen Sie es vor jeder Waffel mit etwas Öl. 1 - 2 EL Teig sollte für eine Waffel genügen.

CRÊPES POTIRON ET POMMES |

KÜRBISCRÊPES MIT APFELPOMMES

4 Port. | 1 Std. | Mittel

Zutaten

300 g Kürbis
250 g Mehl
4 Eier
3 EL Olivenöl
2 Äpfel
5 EL Zitronen-Heidelbeer-Sirup
1 Zitrone
50 g Butter
Salz, Pfeffer, Minze

Nährwerte p. P.

471 kcal
66 g Kohlenhydrate
18 g Fett
8 g Eiweiß

1 Schneiden Sie den Kürbis mit der Schale in kleine Stücke. Garen Sie ihn im Dampfgarer oder für etwa 8 Min. in Leicht köchelndem Wasser.

2 Bereiten Sie während dieser Zeit die Äpfel vor. Schälen Sie sie und schneiden Sie sie in dünne pommesähnliche Scheiben. Vermengen Sie die Apfelpommes mit Minze, Zitronensaft und dem Sirup.

3 Pürieren Sie nun den Kürbis mit den Eiern, dem Olivenöl und dem Mehl in einem Mixer. Der Teig sollte nicht zu fest sein.

4 Schmelzen Sie die Butter in einer Pfanne und geben Sie ausreichend Teig hinein. Der Teig sollte nur auf einer Seite gar gebacken werden. Arbeiten Sie also mit niedriger Hitze.

5 Servieren Sie die Crêpes auf einem Teller und belegen Sie sie mit den Apfel-pommes.

Tipp: Die Crêpes können zusätzlich mit Puderzucker oder Sahne serviert werden.

BELGISCHER BROTPUDDING – MIT HAFERFLOCKEN UND BEEREN

6 Port. | 30 Min. | Mittel

Zutaten

6 Briochebrötchen
5 Eier
250 ml Milch, fettarm
10 EL Kristallzucker
200 g Puderzucker
1 Pck. Vanillezucker
5 EL Butter
100 g Haferflocken
150 g Himbeeren

Nährwerte p. P.

211 kcal
193 g Kohlenhydrate
22 g Fett
12 g Eiweiß

1 Heizen Sie den Backofen auf 180 Grad Ober-/Unterhitze vor und fetten Sie eine große Auflaufform mit Butter ein.

2 Halbieren Sie die Brötchen und belegen Sie die Auflaufform damit.

3 Verquirlen Sie die Eier und vermengen Sie sie mit Milch, 2 EL Zucker und Vanillezucker.

4 Verteilen Sie die Mischung auf den Brötchen.

5 Vermengen Sie nun Haferflocken mit der Butter und 8 EL Zucker so lange miteinander, bis eine krümelige Konsistenz entsteht.

6 Backen Sie den Brotpudding für 35 Min. im Backofen. Die Kruste sollte goldbraun sein.

7 Waschen Sie nun die Himbeeren. Verteilen Sie sie auf dem Auflauf, sobald er ausgekühlt ist.

8 Bestreuen Sie den Auflauf zum Schluss mit Puderzucker.

Tipp: Alternativ kann der Auflauf mit Brot zubereitet werden.

Snacks & Fingerfood

HAFERWAFFELN - BELGISCHE WAFFELN MIT HAFER UND SCHOKOLADE

14 Port. 30 Min. Leicht

Zutaten

1 Vanilleschote
60 g Rohrohrzucker
300 g griechischer Joghurt
50 g zarte Haferflocken
150 g Dinkelmehl, Typ 1050
1 Prise Salz
½ Würfel Hefe
300 ml lauwarme Milch (3,5 % Fett)
50 g flüssige Butter
2 Eier
100 g Zartbitterschokolade (mind. 70 % Kakaoanteil)
50 g gemahlene Mandeln
20 g stark entöltes Kakaopulver (3 EL)
3 Aprikosen
3 gelbe Pflaumen

Nährwerte p. P.

218 kcal
22 g Kohlenhydrate
12 g Fett
7 g Eiweiß

1 Halbieren Sie die Vanilleschote längs und kratzen Sie mit einem scharfen Messer das Mark heraus. Vermengen Sie das Vanillemark mit 1 EL Zucker und dem Joghurt. Stellen Sie den Vanillejoghurt kalt.

2 Geben Sie nun Haferflocken und Mehl in einen Mixer und mahlen Sie es zu Mehl. Geben Sie nun Salz, Hefe, Milch, Butter, den übrigen Zucker und Eier dazu und kneten Sie mit einem Handrührgerät einen festen Teig.

3 Lassen Sie den Teig nun für rund 1 Stunde zugedeckt an einem warmen Ort gehen.

4 Reiben Sie in der Zwischenzeit die Schokolade klein. Geben Sie sie nach der Ruhezeit gemeinsam mit den Mandeln und dem Kakaopulver zu dem Teig und rühren ihn noch einmal durch.

5 Backen Sie jeweils 3 - 4 EL Teig für eine Waffel im eingeölten Waffeleisen aus. Servieren Sie die warmen Waffeln mit dem Obst.

Tipp: Die Waffeln schmecken auch mit Puderzucker, Schlagsahne oder Schokoladenganache.

FRIET |

BELGISCHE FRITTEN

4 Port. 30 Min. Mittel

Zutaten

1 kg mehligkochende Kartoffeln
1 kg Rindernierenfett / tierisches Fett
1 kg Palmfett
Salz

Nährwerte p. P.

295 kcal
118 g Kohlenhydrate
35 g Fett
9 g Eiweiß

1 Bereiten Sie zunächst die Kartoffeln vor, indem Sie sie schälen und in etwa 1 cm breite Streifen schneiden. Waschen Sie diese gründlich mit kaltem Wasser ab. Dadurch löst sich die Stärke und die Pommes werden später schön knusprig.

2 Geben Sie das Fett in die Fritteuse und erhitzen Sie es auf 150 Grad. Frittieren Sie die Pommes darin für etwa 5 - 7 Min.. Lassen Sie diese nach dem ersten Frittieren abtropfen und kurz abkühlen.

3 Erhitzen Sie das Fett in dieser Zeit auf 180 Grad. In diesem Schritt sollten die Pommes so lange erhitzt werden, bis sie goldgelb sind. Lassen Sie sie nun erneut gut abtropfen und schmecken Sie sie mit Salz ab.

SPEKULATIUS - WEIHNACHTSGEBÄCK AUF BELGISCHE ART

30 Plätzchen | 50 Min. | Mittel

Zutaten

40 g Marzipanrohmasse
175 g weiche Butter
125 g brauner Zucker
1 Prise Salz
1 Ei
1 TL Zimtpulver
1 Msp. gemahlene Gewürznelken
1 Msp. gemahlener Kardamom
125 g Mehl
125 g Dinkelmehl, Typ 630
75 g gemahlene Mandeln (geschält)
Speisestärke zum Kneten
2 EL Milch (3,5 % Fett)

Nährwerte p. P.

88 kcal
9 g Kohlenhydrate
5 g Fett
2 g Eiweiß

1 Schlagen Sie die Marzipanmasse mit Zucker, Butter und Salz zu einer cremigen Masse.

2 Geben Sie das Ei, Zimt, Nelken und Kardamom hinzu und rühren Sie die Zutaten kurz unter.

3 Geben Sie nun das Mehl, Dinkelmehl und die gemahlenen Mandeln in den Teig. Falls der Teig zu fest wird, geben Sie Wasser oder Milch hinzu. Falls er zu flüssig sein sollte, kneten Sie kleine Mengen Speisestärke ein.

4 Lassen Sie den Teig nun für 1 Stunde ruhen.

5 Kneten Sie den Teig auf einer bemehlten Arbeitsfläche noch einmal mit den Händen durch. Rollen Sie ihn nun etwa 5 - 6 cm dick aus. Bestäuben Sie ihn etwas mit Speisestärke und stechen anschließend Plätzchen mit beliebigen Formen aus.

6 Backen Sie die Plätzchen im vorgeheizten Backofen bei 180 Grad Umluft / 160 Grad Ober-/Unterhitze für 10 - 12 Min..

VLAAMSE PANNEKOEKEN |

BELGISCHE PFANNKUCHEN

8 Stk. | 20 Min. | Leicht

Zutaten

200 ml Milch
2 Eier
100 g Mehl
1 Pck. Vanillezucker
Butter/Öl zum Anbraten

Nährwerte p. P.

169 kcal
22 g Kohlenhydrate
5 g Fett
7 g Eiweiß

1 Vermengen Sie alle Zutaten mit einem Handrührgerät. Zunächst auf kleiner Stufe. Dann für etwa 3 - 4 Min. auf höchster Stufe.

2 In dem Teig sollten keine Klumpen mehr sein.

3 Erhitzen Sie nun in einer Mittelgroßen Pfanne etwas Butter oder Öl.

4 Backen Sie nun acht Pfannkuchen auf mittlerer Hitze aus.

5 Reinigen Sie die Pfanne nach jedem Pfannkuchen mit einem Küchenpapier und geben Sie neues Fett hinein.

Tipp: Die Pfannkuchen können nach Belieben serviert werden. Ob süß oder herzhaft, hier ist Ihrer Kreativität keine Grenze gesetzt.

FRITTEN -
SCHNELLE PFANNENPOMMES

2 Port. | 20 Min. | Leicht

Zutaten

700 g Kartoffeln, festkochend
5 EL Olivenöl
5 EL Sonnenblumenöl
Salz, Pfeffer

Nährwerte p. P.

326 kcal
59 g Kohlenhydrate
5 g Fett
7 g Eiweiß

1 Schälen Sie die Kartoffeln und schneiden Sie sie in längliche dicke Pommes. Waschen Sie sie vor dem Frittieren nicht ab.

2 Erhitzen Sie das Fett in einer großen Pfanne oder einem großen Topf auf höchster Stufe. Geben Sie die Pommes hinein und rühren Sie sie in den ersten 2 Min. nicht um.

3 Schwenken Sie sie nun einmal um und reduzieren die Hitze Leicht. Lassen Sie die Pommes jetzt für 10 Min. fertig frittieren.

4 Salzen und pfeffern Sie Ihre Pommes nach Belieben.

GEFÜLLTE GURKE

2 Port. | 20 Min. | Leicht

Zutaten

1 große Salatgurke (etwa 700 g)
400 g Hackfleisch, gemischt
500 g Champignons
2 Zwiebeln
100 g Speckwürfel
Salz, Pfeffer
500 g passierte Tomaten
100 g Käse, gerieben
2 Zehen Knoblauch
Öl zum Anbraten

Nährwerte p. P.

569 kcal
12 g Kohlenhydrate
11 g Fett
8 g Eiweiß

1 Schälen Sie die Gurke und halbieren Sie sie längs. Entfernen Sie das Kerngehäuse. Legen Sie die Gurkenhälften nebeneinander in eine große Auflaufform.

2 Schälen und würfeln Sie die Zwiebeln und dünsten Sie die Hälfte im heißen Öl an. Geben Sie das Hackfleisch, Speck und Champignons hinzu und braten Sie alles gut an.

3 Heizen Sie den Backofen auf 200 Grad Ober-/Unterhitze vor.

4 Würzen Sie die Mischung mit den Gewürzen kräftig ab.

5 Bereiten Sie nun die Soße vor. Dünsten Sie die andere Hälfte der Zwiebeln an. Pressen Sie die Knoblauchzehen mit in den Topf und löschen Sie die Mischung mit den passierten Tomaten ab.

6 Füllen Sie die Gurken mit dem Fleisch und verteilen Sie die Tomatensoße darauf.

7 Verteilen Sie den geriebenen Käse darauf und backen Sie die Gurken für mindestens 30 Min. im Backofen.

Tipp: Nach 30 Min. Backzeit ist die Gurke noch bissfest. Wer sie lieber etwas weicher mag, kann sie bis zu 45 Min. im Ofen backen.

KARAMELLKEKSE – BELGISCHER ART

Ca. 25 Stk. | 3,5 Std. | Leicht

Zutaten

300 ml Sirup (Kandissirup oder Zuckerrübensirup)
100 g brauner Zucker
200 g Butter
1 Pck. Backpulver
½ TL Salz
Msp. Zimt
450 g Mehl

Nährwerte p. P.

151 kcal
23 g Kohlenhydrate
6 g Fett
1 g Eiweiß

1 Schlagen Sie Sirup, Butter, Zucker, Salz und Zimt mit dem Handrührgerät schaumig.

2 Geben Sie nach und nach Mehl und Backpulver unter die Mischung und rühren Sie dabei ständig weiter.

3 Stellen Sie den Teig für mindestens 3 Std. in den Kühlschrank.

4 Heizen Sie den Backofen auf 160 Umluft vor.

5 Verarbeiten Sie den noch kühlen Teig in der Teigpresse oder rollen Sie ihn auf einer bemehlten Arbeitsfläche aus.

6 Backen Sie die Kekse für etwa 15 Min. im Backofen.

SEEZUNGE – GEFÜLLT NACH BELGISCHER ART

4 Port. 40 Min. Leicht

Zutaten

2 Eier
1 Schalotte
100 g Nordseekrabbenfleisch
Je 2 Stiele Petersilie, Dill und Estragon
12 (ca. 1 kg) Seezungenfilets
¼ Liter trockener Weißwein
100 ml Schlagsahne
3 Eigelbe
Salz, weißer Pfeffer

Nährwerte p. P.

450 kcal
3 g Kohlenhydrate
20 g Fett
55 g Eiweiß

1 Kochen Sie die Eier und schrecken Sie sie ab. Schälen und schneiden Sie die Schalotte in feine Würfel. Waschen Sie das Krabbenfleisch kalt ab und tupfen Sie es gründlich trocken.

2 Schneiden Sie das Krabbenfleisch, Eier und Kräuter in kleine Stücke und vermengen Sie alles miteinander.

3 Waschen Sie auch die Seezungenfilets kalt ab und tupfen Sie sie trocken. Legen Sie sie mit der Hautseite nach oben auf die Arbeitsfläche. Belegen Sie sie mit der Krabbenfüllung, drehen Sie sie ein und durchstechen Sie die Rollen mit kleinen Holzstäbchen.

4 Heizen Sie den Backofen auf 200 Grad Ober-/Unterhitze vor. Fetten Sie eine Auflaufform ein und legen Sie die Rollen hinein. Sie sollten nebeneinander und nicht übereinander liegen.

5 Füllen Sie die Auflaufform mit dem Wein auf und geben Sie sie für 20 Min. in den Backofen.

6 Nehmen Sie die Röllchen nach der Backzeit aus der Auflaufform und geben Sie sie in einen großen Topf. Füllen Sie ihn mit Sahne und dem Sud aus der Form aus. Erhitzen Sie die Mischung.

7 Geben Sie nach etwa 5 Min. die Eigelbe hinzu und lassen es noch einmal durchziehen – jetzt nicht mehr aufkochen.

8 Schmecken Sie die Soße ab und servieren Sie die Rollen.

Tipp: Servieren Sie dazu einen Salat, Salzkartoffeln oder Pommes. Ohne Beilage sind die Seezungenrollen ein perfektes Fingerfood.

POFFERTJES |

BELGISCHE PFANNKUCHEN IN SNACKGRÖßE

20 Stk. | 20 Min. | Leicht

Zutaten

300 ml lauwarme Milch
1 Ei
125 g Buchweizenmehl
125 g Weizenmehl, Typ 1050
5 g Trockenhefe
1 Prise Salz
1 Pck. Vanillezucker
2 EL Butter
1 EL Puderzucker

Nährwerte p. P.

181 kcal
26 g Kohlenhydrate
5 g Fett
7 g Eiweiß

1 Vermengen Sie zunächst das Mehl, Vanillezucker, Salz und Ei miteinander. Rühren Sie die lauwarme Milch und die Hefe unter.

2 Decken Sie den Teig ab und lassen Sie ihn für 1 Stunde an einem warmen Ort ruhen.

3 Erhitzen Sie die Butter in einer großen Pfanne. Geben Sie nun jeweils 1 EL Teig für einen Poffertjes in die Pfanne. Wenden Sie die Teiglinge nach einer Minute.

4 Bestäuben Sie die Poffertjes mit Puderzucker und servieren Sie sie am besten warm.

Tipp: Am besten schmecken die süßen Snacks mit Obst, Sahne oder Eis.

KRENTENBOLLEN |

STÜTCHEN MIT HEIDELBEEREN

14 Stk. 1,5 Std. Leicht

Zutaten

250 g Johannisbeeren
450 g Weizenmehl
6 g Trockenhefe
25 g Kristallzucker
30 g Milchpulver (z. B. von Campina)
30 g ungesalzene Butter
270 g lauwarmes Wasser
1 TL Salz

Nährwerte p. P.

312 kcal
38 g Kohlenhydrate
3 g Fett
2 g Eiweiß

1 Waschen Sie die Johannisbeeren und bringen Sie sie in einem kleinen Topf mit Wasser zum Kochen. Schalten Sie die Herdplatte sofort wieder ab, wenn das Wasser kocht.

2 Gießen Sie die Beeren ab und lassen Sie sie auf Küchenpapier trocknen.

3 Geben Sie nun alle Zutaten, bis auf die Beeren, in eine große Schüssel. Rühren Sie alles mit einem Handrührgerät zu einem glatten Teig.

4 Kneten Sie nun kurz die Beeren unter. Formen Sie mit befeuchteten Händen nun 12 - 14 Brötchen und legen Sie sie auf ein mit Backpapier belegtes Backblech.

5 Decken Sie die Teiglinge mit einem Küchentuch ab und lassen Sie sie 15 Min. ruhen. Heizen Sie in der Zwischenzeit den Backofen auf 200 Grad Ober-/Unterhitze vor.

6 Backen Sie die Brötchen für 15 Min. im Backofen.

Salate

GEMÜSESALAT – BELGISCHER SALAT (BUNT)

6 Port.

10 Min. + 24 Std. Ruhezeit

Leicht

Zutaten

1 Dose grüne Bohnen
1 Dose Erbsen
1 Dose Maiskörner
1 Stange Staudensellerie
2 Zwiebeln
1 rote Paprika
1 gelbe Paprika
Salz, Pfeffer, Zucker
100 ml Öl
100 ml Essig

Nährwerte p. P.

189 kcal
10 g Kohlenhydrate
5 g Fett
3 g Eiweiß

1 Lassen Sie das Gemüse aus den Dosen in einem großen Sieb abtropfen und geben es in eine große Schüssel.

2 Schneiden Sie Staudensellerie und Paprika in kleine Stücke. Die Zwiebeln sollten geschält und ebenfalls in feine Würfel geschnitten werden.

3 Geben Sie Öl, Essig, Salz, Pfeffer und Zucker in einen Topf und lassen Sie die Mischung für etwa 3 Min. Leicht köcheln. Vermengen Sie das warme Gemisch nun mit dem Gemüse und lassen Sie den Salat in einer geschlossenen Schüssel für 24 Std. im Kühlschrank ruhen.

Tipp: Der Salat ist mindestens 5 Tage haltbar, kann also sehr gut im Voraus vorbereitet werden.

CHICORÉE SALAT - BELGISCHER CHICORÉE MIT BANANEN

4 Port. | 10 Min. | Leicht

Zutaten

3 Chicorée
2 Bananen
3 EL Öl
30 g Mandeln (gehackt oder gehobelt)
Zitronensaft, Salz, Pfeffer

Nährwerte p. P.

294 kcal
7 g Kohlenhydrate
48 g Fett
22 g Eiweiß

1 Chicorée waschen, die Wurzel großzügig entfernen und die Blätter in mundgerechte Stücke schneiden. Die Bananen in dünne Scheiben schneiden.

2 Geben Sie nun alle festen Zutaten in eine Schüssel und schmecken Sie den Salat mit Gewürzen, Öl und dem Zitronensaft ab.

3 Garnieren Sie den Salat mit den Mandeln.

LÜTTICHER SALAT - SALAT MIT BOHNEN UND KARTOFFELN

6 Port. | 30 Min. | Leicht

Zutaten

1 kg Prinzessbohnen
1 kg Kartoffeln, festkochend
½ kg Ardenner Schinkenspeck, gewürfelt
3 Zwiebeln
Weißweinessig
Petersilie, Bohnenkraut
Salz, Pfeffer

Nährwerte p. P.

478 kcal
40 g Kohlenhydrate
22 g Fett
21 g Eiweiß

1 Waschen Sie die Bohnen und entfernen Sie an beiden Seiten die Enden. Schneiden Sie sie anschließend in mundgerechte Stücke und kochen Sie sie mit 1 EL Bohnenkraut für 10 Min. in Leicht köchelndem Wasser. Die Bohnen sollten noch bissfest sein.

2 Bereiten Sie in der Zwischenzeit die Kartoffeln vor. Schälen und schneiden Sie sie in kleine Stücke oder dünne Scheiben und kochen Sie sie für etwa 20 Min.. Auch die Kartoffeln sollten nicht überkocht sein.

3 Schneiden Sie die Zwiebeln in feine Würfel und dünsten Sie sie in etwas Fett in einer Pfanne an. Löschen Sie sie mit etwas Weißweinessig ab und stellen Sie mit Salz, Pfeffer und Kräutern ein Dressing her.

4 Vermengen Sie das Gemüse mit dem Zwiebel-Dressing und dem Speck. Schmecken Sie den Salat ab.

5 Lassen Sie ihn für mindestens 1 Stunde im Kühlschrank ziehen.

SALADE VAN HET HUIS |

BELGISCHER SALAT MIT MEERESFRÜCHTEN

4 Port. 20 Min. Leicht

Zutaten

1 Handvoll Friséesalat
1 Handvoll Rucola
1 Handvoll Eichblattsalat
2 EL Balsamico Bianco
4 EL Olivenöl
1 TL Honig
1 TL Senf
4 Scheiben Lachs, geräuchert
8 Jakobsmuscheln
8 Scampi
125 g Garnelen
½ Bund Petersilie, frisch
Knoblauch, Chilipulver, Olivenöl, Rosmarin, Salz, Pfeffer

Nährwerte p. P.

209 kcal
3 g Kohlenhydrate
3 g Fett
8 g Eiweiß

1 Waschen und schneiden Sie den Salat in mundgerechte Stücke. Vermengen Sie die verschiedenen Salate in einer großen Schüssel.

2 Garnieren Sie ihn mit dem Lachs.

3 Dünsten Sie die Scampi und die Garnelen in Knoblauch, Rosmarin und Chilipulver n einer Pfanne an. Sie sollten durch das Chili eine rötliche Farbe haben, jedoch nicht überhitzt werden. Stellen Sie die Scampi warm.

4 Braten Sie in derselben Pfanne die Jakobsmuscheln für etwa 5 Min. an.

5 Garnieren Sie den Salat nun mit Scampi und Muscheln. Würzen Sie ihn nach Belieben mit Öl, Gewürzen, Honig, Senf und Balsamico.

EIER-KARTOFFEL-SALAT

8 Port. | 30 Min. | Leicht

Zutaten

1,6 kg Kartoffeln
13 Eier
2 Gewürzgurken
3 Äpfel
6 Chicorée
1 Bund Radieschen
2 Schalotten
200 g Joghurt
250 g Mayonnaise
3 TL Tomatenmark
3 TL Zitronensaft
8 EL Wasser
Salz, Pfeffer, Zucker

Nährwerte p. P.

468 kcal
35 g Kohlenhydrate
29 g Fett
15 g Eiweiß

1 Kochen Sie die Eier und Kartoffeln. Pellen Sie die Kartoffeln, wenn sie noch lauwarm sind. Schneiden Sie sie anschließend in dünne Scheiben.

2 Schneiden Sie Gewürzgurken, Zwiebeln und Äpfel ebenfalls in dünne Scheiben.

3 Bereiten Sie aus Mayonnaise, Joghurt, Tomatenmark, Zitronensaft und Wasser ein Dressing her. Schmecken Sie dies mit Salz, Pfeffer und Zucker ab.

4 Vermengen Sie die bisher vorbereiteten Zutaten in einer großen Schüssel.

5 Waschen und putzen Sie nun Radieschen und Chicorée. Heben Sie diese kurz unter den Salat.

6 Lassen Sie den Salat für 1 Stunde im Kühlschrank ziehen.

SALADE LIÉGEOISE | BELGISCHER KARTOFFELSALAT

4 Port. | 20 Min. | Leicht

Zutaten

500 g mehligkochende Kartoffeln
250 g Bohnen (TK)
200 g guten Speck
2 Zwiebeln
3 - 6 EL Essig
Butter
Salz, Pfeffer

Nährwerte p. P.

289 kcal
64 g Kohlenhydrate
22 g Fett
7 g Eiweiß

1 Kochen Sie die Kartoffeln mit Schale. Sie sollten gar, jedoch noch etwas bissfest sein.

2 Kochen Sie in einem separaten Topf die Bohnen auf. Auch sie sollten noch bissfest sein.

3 Pellen Sie die Kartoffeln und schneiden Sie sie nun in dünne Scheiben.

4 Schälen Sie die Zwiebeln und schneiden Sie sie in feine Würfel.

5 Braten Sie in einem Topf nun Zwiebeln, Bohnen und den Speck in etwas Butter an.

6 Vermengen Sie nun alle Zutaten in einer großen Schüssel miteinander und schmecken Sie den Salat mit Salz, Pfeffer und Essig ab.

Tipp: Der Salat kann warm oder kalt serviert werden.

BELGISCHER CHICORÉE-SALAT – MIT GRAPEFRUIT

4 Port. 20 Min. Leicht

Zutaten

4 große Chicorée
1 - 2 pinke Grapefruits

Für das Dressing:

Saft einer Orange
6 EL Olivenöl
2 EL Bianca Balsamico-Essig
1 EL Honig
Salz, Pfeffer

Nährwerte p. P.

211 kcal
19 g Kohlenhydrate
4 g Fett
8 g Eiweiß

1 Bereiten Sie zunächst das Dressing zu. Vermengen Sie dafür alle Zutaten und schmecken es kräftig mit Salz und Pfeffer ab.

2 Waschen Sie den Chicorée gründlich ab und schneiden oder rupfen Sie ihn in mundgerechte Stücke.

3 Schälen Sie die Grapefruits und schneiden Sie sie in kleine Stücke.

4 Vermengen Sie die Zutaten in einer großen Schüssel und geben Sie das Dressing darüber, servieren Sie den Salat frisch.

BELGISCHER WEIẞKOHLSALAT – MIT ROSINEN

10 Port. 30 Min. Leicht

Zutaten

½ Weißkohl, groß
3 EL Joghurt
3 EL Mayonnaise
3 EL Essig
3 EL Zucker
1 TL Senf
1 Apfel
100 g Rosinen
Salz, Pfeffer
Petersilie, Schnittlauch

Nährwerte p. P.

157 kcal
18 g Kohlenhydrate
8 g Fett
3 g Eiweiß

1 Raspeln Sie den Weißkohl, geben Sie ihn in eine große Schüssel und vermengen Sie ihn mit 1 TL Salz und Zucker.

2 Raspeln Sie auch den geschälten Apfel. Geben Sie ihn mit der gehackten Petersilie, Schnittlauch und dem Essig zu dem Weißkohl.

3 Geben Sie die Schüssel zugedeckt über Nacht in den Kühlschrank.

4 Fügen Sie am nächsten Tag Mayonnaise, Joghurt, Senf und Rosinen hinzu.

5 Schmecken Sie ihn noch einmal mit Salz und Pfeffer ab.

Tipp: Der Salat ist mindestens eine Woche lang haltbar.

FELDSALAT – MIT SAUTIERTEN STEINPILZEN UND SPECK

4 Port. | 20 Min. | Leicht

Zutaten

4 Scheiben Schwarzbrot
1 EL Butter
2 EL Olivenöl
2 EL Butter
1 Zweig Thymian
200 g Steinpilze
Salz, Pfeffer
150 g Speck, durchwachsen, gewürfelt
80 g Feldsalat, grün
80 g Feldsalat, rot

Für das Dressing:

80 ml Balsamico
2 EL Walnussöl
2 EL Dijonsenf, grob
2 EL Thymian, gehackt
50 ml Wasser
Salz, Pfeffer

Nährwerte p. P.

205 kcal
29 g Kohlenhydrate
6 g Fett
4 g Eiweiß

1 Entfernen Sie die Kruste von den Brotscheiben, schneiden Sie die Scheiben in kleine Würfel.

2 Braten Sie die Würfel in 1 EL Butter knusprig an. Lassen Sie sie auf einem Küchenpapier abkühlen.

3 Waschen Sie die Pilze und schneiden Sie sie in dünne Scheiben.

4 Erhitzen Sie Olivenöl und Butter in der Pfanne. Dünsten Sie Thymian und Pilze darin an. Geben Sie nun den Speck hinzu. Würzen Sie die Mischung mit Salz und Pfeffer.

5 Bereiten Sie nun das Dressing zu, indem Sie alle Zutaten gründlich miteinander vermengen.

6 Waschen Sie den Feldsalat. Geben Sie ihn in eine Schüssel, verteilen Sie das Dressing darauf. Verwenden Sie die knusprigen Brotstücke als Topping.

SALADE DE PISSENLIT |

LÖWENZAHNSALAT MIT SPECK UND EI

4 Port. | 15 Min. | Leicht

Zutaten

250 g Löwenzahn
200 g Räucherbauch, gewürfelt
4 Eier
½ Baguette
Rapsöl, Balsamico
2 Schalotten
1 Zehe Knoblauch
Salz, Pfeffer, Kräutersalz

Nährwerte p. P.

234 kcal
44 g Kohlenhydrate
11 g Fett
5 g Eiweiß

1 Waschen Sie den Löwenzahn und lassen Sie ihn gut abtropfen. Kochen Sie die Eier und schneiden Sie sie in Scheiben.

2 Schneiden Sie das Baguette in kleine Stücke und braten Sie diese in einer Pfanne knusprig an.

3 Schälen und schneiden Sie Schalotten und Knoblauch in feine Würfel.

4 Vermengen Sie Löwenzahn, Speck, Schalotten und Knoblauch in einer Schüssel.

5 Bedecken Sie den Salat mit den Eiern und geben Sie Rapsöl, Balsamico, Salz, Pfeffer und Kräutersalz als Dressing darauf.

Tipp: Der Löwenzahn Anteil kann durch andere Salate ersetzt werden.

Suppen

CHAMPIGNONS SOUPE |

SCHNELLE GEMÜSESUPPE

4 Port. 20 Min. Leicht

Zutaten

50 g Butter
500 g Champignons
1 Zwiebel
1 Liter Gemüsebrühe
1 EL Mehl
125 ml Schlagsahne
1 Ei
1 Tomate
1 Bund Petersilie
Salz, Pfeffer

Nährwerte p. P.

342 kcal
6 g Kohlenhydrate
29 g Fett
6 g Eiweiß

1 Kochen Sie das Ei hart und schneiden Sie es nach dem Schälen in kleine Scheiben. Schälen und hacken Sie die Zwiebel ebenfalls in kleine Stücke. Putzen und schneiden Sie die Champignons in dünne Scheiben.

2 Erhitzen Sie die Butter in einem großen Topf und dünsten Sie die Zwiebel mit den Champignons darin für 5 Min. an. Löschen Sie alles mit der Gemüsebrühe ab.

3 Vermengen Sie die Sahne mit dem Mehl und rühren Sie die Mischung ebenfalls in die Suppe ein. Lassen Sie alles nun für rund 5 Min. aufkochen.

4 Schälen Sie die Tomate und schneiden Sie diese in kleine Würfel. Geben Sie sie gemeinsam mit dem Ei und der gehackten Petersilie in die Suppe und lassen Sie diese noch einmal für einige Min. ziehen. Schmecken Sie die Suppe mit Salz und Pfeffer ab.

SALATSUPPE

4 Port. 30 Min. Leicht

Zutaten

2 Kopfsalate
1 Zwiebel
2 EL Butter
1 EL Mehl
¾ Liter Fleischbrühe
200 ml Schlagsahne
Salz, Pfeffer, Zitronensaft

Nährwerte p. P.

241 kcal
7 g Kohlenhydrate
23 g Fett
4 g Eiweiß

1 Waschen und putzen Sie den Salat. Schneiden Sie die Blätter anschließend in grobe Stücke. Blanchieren Sie die Blätter für 3 Min. in Salzwasser.

2 Schrecken Sie den Salat mit kaltem Wasser ab und lassen ihn gut abtropfen.

3 Schälen Sie die Zwiebel und hacken Sie sie anschließend in feine Würfel. Dünsten Sie sie anschließend in der bereits geschmolzenen Butter in einem großen Topf glasig an.

4 Bestäuben Sie die Zwiebel mit dem Mehl und gießen Sie nun alles mit der Brühe und der Schlagsahne auf. Lassen Sie die Suppe für 10 Min. bei geringer Wärmezufuhr köcheln.

5 Geben Sie nun den Salat hinzu und lassen Sie alles noch einmal für 5 Min. köcheln. Schmecken Sie die Suppe zum Schluss mit Salz, Pfeffer und dem Zitronensaft ab.

Tipp: Die Suppe kann als Vorspeise gereicht werden. Wird sie mit zwei Scheiben knusprigem Brot gereicht, kann sie als Hauptspeise dienen.

BOHNENSUPPE

4 Port. 20 Min. Leicht

Zutaten

600 g grüne Bohnen
1 Zwiebel
1 Möhre
100 g Sellerie
1 Stange Lauch
2 EL Olivenöl
1 Liter Gemüsebrühe
1 Bund Bohnenkraut
400 g Kartoffeln (mehligkochend)
1 EL Kräuteressig
Salz, Pfeffer
100 ml saure Sahne

Nährwerte p. P.

266 kcal
33 g Kohlenhydrate
10 g Fett
9 g Eiweiß

1 Waschen Sie die Bohnen. Schneiden Sie sie in breite mundgerechte Stücke. Schälen Sie die Zwiebel, Möhre, Sellerie und Lauch und schneiden Sie alles in kleine Stücke.

2 Erhitzen Sie das Öl in einem großen Topf und dünsten das gesamte Gemüse darin an. Würzen Sie alles kräftig mit Salz und Pfeffer und löschen es mit der Gemüsebrühe ab.

3 Geben Sie das Bohnenkraut im Ganzen in die Suppe und lassen alles für 10 Min. bei geringer Wärmezufuhr köcheln.

4 Bereiten Sie in der Zwischenzeit die Kartoffeln vor. Schälen und schneiden Sie diese in mundgerechte Stücke. Lassen Sie sie für 15 Min. in der Suppe mitkochen.

5 Schmecken Sie die Suppe erneut mit Salz und Pfeffer ab. Geben Sie nach Belieben Sahne und Kräuteressig hinzu.

BELGISCHE KARTOFFEL-LAUCH-SUPPE

4 Port. 25 Min. Leicht

Zutaten

4 Kartoffeln
4 Stangen Lauch
1 Zwiebel
125 g Sahne
125 g Cremefine
50 g Butter
1 EL Gemüsebrühe
Etwas Rapsöl
600 ml Wasser
Salz, Pfeffer

Nährwerte p. P.

350 kcal
28 g Kohlenhydrate
23 g Fett
8 g Eiweiß

1 Schälen und schneiden Sie zunächst die Kartoffeln in kleine Würfel. Hacken Sie außerdem die Zwiebel in feine Stücke. Waschen Sie den Lauch gründlich und schneiden Sie ihn in Ringe.

2 Geben Sie Butter und Öl in die Pfanne und erhitzen es. Dünsten Sie zunächst die Zwiebeln darin an.

3 Geben Sie nun Lauch und Kartoffeln hinzu und lassen alles für etwa 5 Min. mit andünsten.

4 Löschen Sie das Gemüse mit dem Wasser ab und geben Sie sofort die Gemüsebrühe hinzu.

5 Lassen Sie alles für rund 15 Min. köcheln.

6 Schmecken Sie die Suppe zum Schluss mit der Sahne, dem Cremefine und den Gewürzen ab.

HÜHNERSUPPE

4 Port. | 1 Std. | Leicht

Zutaten

1 Suppenhuhn
Den Saft einer Zitrone
1 Zwiebel
1 Knollensellerie
1 Möhre
2 Stangen Lauch
1 Lorbeerblatt
½ Bund Petersilie, gehackt
1 TL Thymian, getrocknet
200 ml Weißwein
Salz, Pfeffer

Nährwerte p. P.

658 kcal
18 g Kohlenhydrate
48 g Fett
29 g Eiweiß

1 Bestreichen Sie das gesamte Huhn mit dem Zitronensaft. Legen Sie es in einen großen Topf und bedecken es mit Wasser.

2 Waschen und schneiden Sie das Gemüse in mundgerechte Stücke. Geben Sie das gesamte Gemüse, das Lorbeerblatt und die Gewürze mit in den Topf.

3 Bringen Sie das Wasser zum Kochen und lassen Sie das Huhn darin kochen, bis das Fleisch gar, aber noch weich ist.

4 Nehmen Sie das Huhn aus dem Topf. Trennen Sie das Fleisch von den Knochen und schneiden es in kleine Stücke.

5 Schmecken Sie die Suppe nun mit Gewürzen, Petersilie, Thymian und Wein ab. Geben Sie das Fleisch wieder in die Suppe und lassen Sie alles vor dem Servieren einige Min. ziehen.

Tipp: Das Gemüse kann nach Belieben variiert werden. Geben Sie in der Erkältungszeit gerne ein großes Stück Ingwer hinein.

FRISCHE APFELSUPPE NACH BELGISCHER ART

4 Port. 30 Min. Leicht

Zutaten

4 Zwiebeln
2 EL Butter
3 Äpfel
1 EL Currypulver, mild
1 Liter Hühnerbrühe
100 ml Sahne
Tabasco
Salz, Pfeffer

Nährwerte p. P.

230 kcal
13 g Kohlenhydrate
14 g Fett
12 g Eiweiß

1 Schälen Sie die Zwiebeln und schneiden Sie sie in feine Würfel.

2 Erhitzen Sie die Butter und dünsten Sie die Zwiebeln darin für einige Min. an.

3 Waschen Sie die Äpfel in der Zwischenzeit gründlich ab und schneiden Sie sie in grobe Stücke. Entfernen Sie Stiel und Gehäuse.

4 Löschen Sie die Zwiebeln mit der Brühe ab.

5 Geben Sie Äpfel und Currypulver hinzu und kochen Sie alles sprudelnd auf. Köcheln Sie die Suppe bei mittlerer Wärmezufuhr für 15 Min..

6 Pürieren Sie die Suppe mit einem Stabmixer.

7 Rühren Sie nun die Sahne kurz unter.

8 Schmecken Sie sie mit Salz, Pfeffer und Tabasco ab.

Tipp: Je nach Jahreszeit eignen sich am besten Äpfel der Sorte Cox oder Braeburn.

MILCHSUPPE – AUS DER REGION ARDENNEN

4 Port. 30 Min. Leicht

Zutaten

1 ½ Liter Milch, lauwarm
300 g Kartoffeln
1 Zwiebel
4 Stangen Lauch
5 EL Butter
1 Bund gemischte Kräuter
Salz, Pfeffer, Muskat

Nährwerte p. P.

340 kcal
209 g Kohlenhydrate
14 g Fett
9 g Eiweiß

1 Schälen Sie die Kartoffeln und schneiden Sie sie in mundgerechte Stücke. Schälen Sie auch die Zwiebeln und schneiden Sie sie in feine Würfel.

2 Schneiden Sie den Porree nach dem Waschen in dünne Ringe.

3 Erhitzen Sie die Butter in einem großen Topf und dünsten Sie die Zwiebelwürfel darin an. Geben Sie nach 5 Min. die Kartoffeln und den Lauch dazu.

4 Löschen Sie das Gemüse nun mit der Milch ab und geben Sie die fein geschnittenen Kräuter hinzu.

5 Köcheln Sie die Suppe für etwa 30 Min. bei niedriger Stufe.

6 Schmecken Sie die Suppe mit den Gewürzen ab.

Tipp: Ein Teil der Suppe kann püriert werden. So wird sie etwas cremiger. Dazu kann Hähnchenfleisch serviert werden.

BERGISCHE GRAUPENSUPPE

8 Port. | 1,5 Std. | Leicht

Zutaten

1 Suppengemüse
1 Zwiebel
1 Beinscheibe (vom Rind)
1 ½ Liter Wasser
250 g Graupen
3 TL Salz
500 g Kartoffeln
Öl zum Anbraten

Nährwerte p. P.

225 kcal
68 g Kohlenhydrate
9 g Fett
3 g Eiweiß

1 Braten Sie die Beinscheibe rundherum in heißem Öl an.

2 Waschen Sie Suppengemüse und Kartoffeln, schneiden Sie es in kleine Würfel.

3 Schneiden Sie auch die Zwiebel nach dem Schälen in kleine Würfel.

4 Geben Sie das Suppengemüse und die Zwiebel zum Fleisch, dünsten Sie alles kurz mit an.

5 Löschen Sie die Fleisch-Gemüse-Mischung mit dem Wasser ab, geben Sie das Salz hinzu und lassen Sie sie für 1 Stunde Leicht köcheln.

6 Nehmen Sie das Fleisch aus dem Topf und schneiden Sie es in kleine Stücke.

7 Geben Sie nun Kartoffeln, Graupen und das Fleisch zurück in den Topf. Füllen Sie ihn – wenn notwendig – mit Wasser auf.

8 Kochen Sie die Suppe noch einmal für 30 Min. auf. Die Kartoffeln und Graupen sollten weich sein.

Hauptspeisen mit Fleisch

ZWIEBELWÄHE – BELGISCHER FLAMMKUCHEN

8 Stk. | 25 Min. | Leicht

Zutaten

1 Pck. Pizzateig, fertig aus dem Kühlregal
50 g Speck, gewürfelt
½ Gemüsezwiebel
100 g Magerquark
2 Eier
100 g Käse, gerieben
Pfeffer, Petersilie

Nährwerte p. P.

198 kcal
57 g Kohlenhydrate
3 g Fett
11 g Eiweiß

1 Heizen Sie den Backofen auf 200 Grad Ober-/Unterhitze vor.

2 Rollen Sie den Pizzateig auf einem vorbereiteten Backblech aus. Stechen Sie ihn mit einer Gabel mehrmals ein.

3 Vermengen Sie in der großen Schüssel Quark, Eier, Speck, Zwiebelwürfel, Käse und Gewürze nach Wahl.

4 Verteilen Sie die Masse gleichmäßig auf dem Teig. Backen Sie den Flammkuchen für 30 Min. im Backofen.

5 Bestreuen Sie den Flammkuchen nach dem Backen mit frischer Petersilie und Pfeffer.

Tipp: Der Flammkuchen kann frisch serviert werden, schmeckt jedoch auch kalt sehr gut.

PARMENTIER DE CANARD |

ÜBERBACKENE ENTE BELGISCHER ART

2 Port. 30 Min. Leicht

Zutaten

2 Entenkeulen, konfiniert
300 g Topinambur
½ Liter Milch
½ Liter Sahne
50 g Käse, gerieben
Salz, Pfeffer, Butter, Öl

Nährwerte p. P.

400 kcal
80 g Kohlenhydrate
14 g Fett
9 g Eiweiß

1 Waschen und putzen Sie die Topinambur. Kochen Sie sie anschließend in der Milch und der Sahne gut auf. Geben Sie ein Stück Butter in das Gemisch und nehmen Sie den Topf sofort von der Herdplatte.

2 Erwärmen Sie in einem separaten Topf die Entenkeulen und lösen Sie die Haut vom Knochen ab.

3 Fetten Sie eine kleine Auflaufform mit Öl ein und verteilen Sie das Fleisch darin. Geben Sie das Topinambur-Gemisch darüber und würzen alles kräftig mit Salz und Pfeffer.

4 Verteilen Sie nun den geriebenen Käse über dem Auflauf. Backen Sie ihn nun für mindestens 20 Min. im Ofen, bis der Käse die gewünschte Farbe hat.

Tipp: Dazu schmeckt ein gemischter Salat oder eine Portion belgische Fritten.

STOEMP |

KARTOFFELSTAMPF MIT SPECK

4 Port. | 1,5 Std. | Leicht

Zutaten

300 g Räucherspeck (gewürfelt)
500 g Kartoffeln (mehligkochend)
500 g Möhren
2 EL Butter
700 ml Rinderbrühe
500 ml Wasser
3 Schalotten
Salz, Pfeffer, Muskatnuss, Thymian, Petersilie

Nährwerte p. P.

189 kcal
4 g Kohlenhydrate
2 g Fett
3 g Eiweiß

1 Bringen Sie zunächst Wasser und Brühe in einem großen Topf zum Kochen. Kochen Sie den Räucherspeck für etwa 30 Min. bei mittlerer Hitze.

2 Bereiten Sie in der Zwischenzeit das Gemüse vor. Schälen und schneiden Sie Kartoffeln und Möhren in kleine Stücke. Die Zwiebeln sollten in kleine Stücke gehackt werden.

3 Geben Sie das Gemüse zu dem Speck und lassen Sie alles für weitere 20 Min. köcheln. Falls nach dieser Zeit noch Flüssigkeit im Topf ist, sollten Sie diese abgießen und auffangen.

4 Stampfen Sie nun alles mit einem Kartoffelstampfer bis zur gewünschten Konsistenz. Rühren Sie dabei die Butter ein. Schmecken Sie das Stoemp mit den Gewürzen ab und servieren es mit Petersilie oder Thymian.

Tipp: Als vegetarische Variante eignet sich das Stoemp auch als Beilage. Mit Fleisch ist es eine deftige Hauptspeise.

STOOFVLEES |

BELGISCHER GULASCH

4 Port. 2,5 Std. Mittel

Zutaten

1,2 kg Gulasch
3 Schalotten
1 Gemüsezwiebel
660 ml Bier, dunkel
2 Knoblauchzehen
4 TL Senf
Salz, Pfeffer
2 EL Butterschmalz

Außerdem:

1 Gewürznelke
3 Pimentkörner, angedrückt
2 Lorbeerblätter
1 TL Thymian, getrocknet
1 Teefilter

Nährwerte p. P.

78 kcal
9 g Kohlenhydrate
1 g Fett
2 g Eiweiß

1 Waschen Sie das Fleisch zunächst mit kaltem Wasser ab. Tupfen Sie es anschließend gründlich trocken und schneiden es dann in etwa 4 - 5 cm große Stücke.

2 Die Zwiebel, den Knoblauch und die Schalotten schälen und in feine Würfel schneiden.

3 Das Butterschmalz in einem großen Topf oder Bräter erhitzen, die Schalotten sowie die Zwiebeln darin glasig andünsten. Geben Sie nach kurzer Zeit das Fleisch hinzu. Das Fleisch sollte kräftig angebraten werden, bis es eine schöne Farbe bekommt.

4 Würzen Sie das Fleisch nach dem Braten mit Salz und Pfeffer und löschen es dann mit dem Bier ab.

5 Füllen Sie alle getrockneten Gewürze in den Papierteefilter und geben Sie diesen in den Topf. Pressen Sie den Knoblauch mit einer Presse direkt auf das Fleisch, geben Sie den Senf hinzu und verschließen Sie den Topf. Das Fleisch sollte nun für rund 2 Std. bei geringer Wärmezufuhr köcheln.

Tipp: Dazu passt eine kräftige Scheibe Brot mit Butter oder Senf.

LEBERPASTETE – NACH BELGISCHER ART

Ca. 20 Scheiben | 2,5 Std. | Aufwendig

Zutaten

700 g Schweinehackfleisch
350 g Rinderhackfleisch
350 g Leber
120 ml Mineralwasser mit Kohlensäure
Eiswürfel
1 kleine Zwiebel
20 g Pökelsalz
Pfeffer, weiß
Pfefferkörner, grün
Muskatnuss
Ingwer, gemahlen
Schnittlauch
Msp. Backpulver
20 g Kartoffelstärke
20 g Frühstücksspeck in Scheiben
Etwas Öl zum Einfetten

Nährwerte p. P.

474 kcal
1 g Kohlenhydrate
44 g Fett
9 g Eiweiß

1 Kochen Sie zunächst die Leber für 30 Min. in sprudelnd kochendem Wasser. Lassen Sie sie abkühlen und schneiden Sie sie anschließend in kleine Stücke.

2 Zerkleinern Sie die Leber anschließend mit der Zwiebel, der Petersilie und den Gewürzen mit einem Mixer.

3 Vermengen Sie das Hackfleisch mit einem Handrührgerät und geben Sie das Wasser sowie die Eiswürfel hinzu. Geben Sie nun die Leber-Mischung hinzu und verrühren Sie alles so lange miteinander, bis der Teig eine Leicht klebrige Konsistenz hat.

4 Kneten Sie nun mit feuchten Händen die Kartoffelstärke und das Backpulver unter. Dadurch sollte sich der Teig gut zu einem Leib formen lassen. Geben Sie diesen auf ein mit Öl eingefettetes Backblech oder eine große Auflaufform. Belegen Sie die Pastete nun mit dem Frühstücksspeck.

5 Die Leberpastete bei 150 Grad im vorgeheizten Backofen für 90 Min. garen. Nach 30 Min. sollte sie mit Backpapier oder Alufolie bedeckt werden, damit sie saftig wird, die Kruste jedoch nicht zu kross ist.

6 Die fertige Pastete sollte nach dem Garen langsam abkühlen und für 12 Std. im Kühlschrank ruhen.

Tipp: Die Pastete wird nach belgischer Art mit sauren Gurken und Bauernbrot serviert.

FLÄMISCHE KARBONADE – SÜẞ-SAURER EINTOPF MIT BIER

4 Port. 2,5 Std. Mittel

Zutaten

800 g Rindfleisch
200 g Speck, geräuchert, durchwachsen
1 EL Butterschmalz
30 g Weizenmehl
4 Zwiebeln
660 ml Bier, dunkel
Salz, Pfeffer

Nährwerte p. P.

494 kcal
16 g Kohlenhydrate
12 g Fett
54 g Eiweiß

1 Schälen und schneiden Sie die Zwiebeln in kleine Würfel. Schneiden Sie das Rindfleisch in grobe, mundgerechte Stücke. Der Speck sollte in kleinere Würfel geschnitten werden.

2 Würzen Sie das Fleisch mit Salz und Pfeffer und braten es bei starker Hitze für etwa 5 Min. im Butterschmalz an. Die Zwiebelwürfel und der Speck sollten für weitere 4 Min. mitgebraten werden. Nehmen Sie den Topf nun vom Herd und gießen Sie den ausgetretenen Fleischsaft ab. Fangen Sie ihn dabei auf. Halten Sie den Speck im geschlossenen Topf warm.

3 Stellen Sie in einem separaten Topf eine Mehlschwitze her. Braten Sie dafür das Mehl gemeinsam mit dem aufgefangenen Fleischsaft an. Rühren Sie die Flüssigkeit dabei laufend um. Löschen Sie das Ganze nach einer Minute mit dem Bier ab.

4 Geben Sie nun das Fleisch aus dem ersten Topf hinzu und lassen Sie alles für mindestens 60 Min. zugedeckt schmoren. Halten Sie dabei eine möglichst konstant niedrige Temperatur im Topf.

5

Tipp: Servieren Sie den Eintopf zu Pommes, Kartoffeln oder Brot.

WATERZOOI |

EINTOPF MIT HÄHNCHENFLEISCH UND GEMÜSE

4 Port. 45 Min. Leicht

Zutaten

1 Hähnchen (etwa 1,2 kg)
4 Zweige Thymian
1 Lorbeerblatt
1 Stiel Petersilie
1 TL Pfefferkörner
1 TL Pimentkörner
1 Möhre
200 g Kartoffeln (festkochend)
1 Zucchini
100 g grüne Bohnen
300 g Blumenkohlröschen
2 Frühlingszwiebeln
100 ml Schlagsahne
Salz, Pfeffer, Petersilie

Nährwerte p. P.

420 kcal
16 g Kohlenhydrate
10 g Fett
10 g Eiweiß

1 Waschen Sie das Hähnchen gründlich ab und tupfen es mit Küchentüchern trocken. Kochen Sie das ganze Huhn 1 Stunde lang in 2 Litern Wasser. Es sollte dabei komplett mit Wasser bedeckt sein. Schaum sollte immer wieder abgeschöpft werden.

2 Für die letzten 10 Min. Garzeit fügen Sie Thymian, Petersilie, Pfefferkörner, Pimentkörner und das Lorbeerblatt dazu.

3 Gießen Sie das Huhn ab und fangen Sie die Brühe dabei auf. Entfernen Sie die Haut und zerkleinern Sie das Fleisch mit einer Gabel. Kochen Sie die Brühe für 1 Stunde lang sprudelnd auf.

4 Bereiten Sie nun das Gemüse vor, indem Sie es waschen, schälen und in kleine Scheiben oder Stücke schneiden.

5 Geben Sie das Gemüse in die Brühe und lassen es für etwa 20 Min. mitkochen. Geben Sie nun das Hähnchenfleisch und die Sahne hinzu und reduzieren Sie die Hitze. Lassen Sie den Eintopf weitere 10 Min. lang durchziehen und schmecken Sie ihn im Anschluss mit Salz, Pfeffer und Petersilie ab.

Hauptspeisen mit Fisch & Meeresfrüchten

MOULES FRITES |

GEGARTE MIESMUSCHELN

4 Port. | 10 Min. | Leicht

Zutaten

2 kg Miesmuscheln
1 Zwiebel
2 Zehen Knoblauch
500 g Suppengrün
1 Bund glatte Petersilie
3 EL Olivenöl
400 ml Weißwein
1 Prise Pfeffer
Etwas Meersalz

Nährwerte p. P.

453 kcal
41 Kohlenhydrate
5 g Fett
57 g Eiweiß

1 Schälen Sie Knoblauch, Zwiebeln, das Suppengrün und hacken Sie alles in feine Würfel. Waschen Sie die Petersilie und trocknen Sie sie ab, bevor Sie diese ebenfalls in kleine Stücke hacken.

2 Erhitzen Sie das Öl in einem großen Topf und braten Sie das gesamte Gemüse für etwa 4 Min. darin an. Löschen Sie es anschließend mit Wein ab.

3 Geben Sie nun die Miesmuscheln in den Topf und lassen Sie sie für etwa 5 Min. mitköcheln. Erst wenn sie sich geöffnet haben, kann der Topf vom Herd genommen werden. Schmecken Sie die Muscheln vor dem Servieren mit Salz und Pfeffer und der Petersilie ab.

Tipp: Dazu schmecken Pommes und ein frischer Beilagensalat.

CROSTINI DE TRUITE FUMEE |

CROSTINI MIT GERÄUCHERTER FORELLE

6 Port. 40 Min. Mittel

Zutaten

1 rote Zwiebel
10 ml Essig
200 ml Wasser
25 g brauner Zucker
175 ml Fischfond
45 ml Milch
10 g Butter
1 EL Mehl
2 geräucherte Forellenfilets ohne Haut
70 g Kürbis ohne Haut
6 Baguettescheiben (ca. 2 cm dick)
1 Knoblauchzehe
Salz, Pfeffer, Butter und aromatisierter Essig

Nährwerte p. P.

348 kcal
37 g Kohlenhydrate
5 g Fett
28 g Eiweiß

1 Legen Sie zunächst die Zwiebeln ein. Schälen Sie sie und schneiden Sie sie anschließend in Spalten. Bringen Sie 200 ml Wasser, Essig, braunen Zucker, Salz und Pfeffer zum Kochen.

2 Geben Sie die Zwiebeln in das kochende Wasser und kochen Sie sie für 8 Min..

3 Füllen Sie die Zwiebelmischung nun in ein dichtes Gefäß, geben eine Prise Pfeffer hinzu und verschließen Sie das Ganze.

4 Schmelzen Sie für die Béchamelsoße die Butter in einem großen Topf. Fügen Sie unter ständigem Rühren das Mehl hinzu und kochen es kurz auf. Löschen Sie das Ganze nun mit dem Fischfond und der Milch ab. Stellen Sie die Mischung beiseite und lassen Sie sie abkühlen.

5 Nun zu der Forellenmousse: Mixen Sie die Forelle mit der Béchamelsoße in einem Mixer. Wählen Sie dabei eine langsame Einstellung. Schmecken Sie die Mischung mit etwas Essig ab.

6 Schneiden Sie den Kürbis in kleine Stücke und dünsten Sie ihn in etwas Butter an.

7 Backen Sie die Baguettescheiben auf oder braten Sie sie in der Pfanne an. Bestreichen Sie sie mit dem gepressten Knoblauch.

8 Belegen Sie die Baguettescheiben zunächst mit der Forellenmousse, geben Sie etwas Kürbis darauf und garnieren Sie sie anschließend nach Belieben mit den eingelegten Zwiebeln.

MIESMUSCHELN – IN CURRY UND WEISSWEINSAHNE

4 Port. 30 Min. Leicht

Zutaten

2 kg Miesmuscheln
2 Zwiebeln
1 Zehe Knoblauch
1 Lorbeerblatt
250 ml Sahne
Currypulver
250 ml Weißwein, trocken
250 ml Wasser
5 EL Butter
1 EL Mehl
Zucker, Salz, Pfeffer
Schnittlauch, Kerbel

Nährwerte p. P.

377 kcal
12 g Kohlenhydrate
11 g Fett
29 g Eiweiß

1 Waschen Sie die Miesmuscheln gründlich und sortieren Sie beschädigte Exemplare aus. Schälen und würfeln Sie die Zwiebeln in feine Stücke.

2 Erhitzen Sie Wasser, Wein, Gewürze, das Lorbeerblatt, eine klein gehackte Zwiebel und Knoblauch in einem großen Topf.

3 Geben Sie die Muscheln in das sprudelnd kochende Wasser und lassen Sie sie für 10 Min. köcheln.

4 Die Muscheln sollten sich alle geöffnet haben. Schöpfen Sie sie nun aus dem Wasser.

5 Erhitzen Sie nun in einem weiteren Topf die Butter und dünsten Sie die andere Zwiebel darin an. Stellen Sie mit dem Mehl und der geschmolzenen Butter eine Mehlschwitze her.

6 Dünsten Sie das Currypulver mit an. Löschen Sie das Gemisch mit zwei Tassen des Muschelsuds und der Sahne ab. Kochen Sie die Soße noch einmal auf und schmecken Sie sie kräftig mit Gewürzen, Zucker und Kräutern ab.

BELGISCHE WRAPS – MIT THUNFISCH UND WALNÜSSEN

4 Port. 10 Min. Leicht

Zutaten

4 Wraps
2 Dosen Thunfisch (in eigener Flüssigkeit)
15 g Walnüsse
125 g Eisbergsalat
1 Apfel (Granny Smith)
½ Gurke
3 Spitzpaprika
2 Frühlingszwiebeln
½ Zitrone
15 g Schnittlauch
6 EL Mayonnaise
8 EL Naturjoghurt
Salz, Pfeffer

Nährwerte p. P.

314 kcal
46 g Kohlenhydrate
8 g Fett
9 g Eiweiß

1 Waschen Sie den Apfel, entfernen Sie das Kerngehäuse und schneiden Sie ihn in feine Streifen. Pressen Sie die Zitrone aus.

2 Bestreichen Sie die Apfelstücke mit dem Zitronensaft. Das verhindert, dass sich der Apfel braun verfärbt.

3 Rösten Sie die Walnüsse in einer Pfanne ohne Öl knusprig an.

4 Waschen und schneiden Sie Gurke, Paprika, Schnittlauch und Frühlingszwiebeln in kleine Stücke.

5 Waschen Sie den Salat und schneiden oder rupfen Sie ihn in grobe Stücke.

6 Gießen Sie den Thunfisch ab und geben Sie ihn in eine große Schüssel. Geben Sie Apfelstücke und Mayonnaise hinzu und vermengen Sie alles miteinander.

7 Vermengen Sie nun Joghurt, Schnittlauch und etwas Zitronensaft miteinander.

8 Erwärmen Sie die Wraps für 30 Sekunden bei 800 Watt in der Mikrowelle.

9 Bestreichen Sie die Wraps mit der Thunfischmischung. Verteilen Sie anschließend Nüsse, Äpfel und das Gemüse darauf. Würzen Sie die Wraps mit Salz und Pfeffer und rollen Sie sie ein.

10 Servieren Sie den Joghurt als Dip.

ZUCCHINISPAGHETTI – MIT WILDLACHS

4 Port. 15 Min. Leicht

Zutaten

4 Scheiben Wildlachs
1 Zucchini
1 Ei
1 EL Olivenöl
Salz, Pfeffer, frische Minze

Nährwerte p. P.

189 kcal
49 g Kohlenhydrate
12 g Fett
15 g Eiweiß

1 Waschen Sie die Zucchini und schneiden Sie sie mit einer Mandoline oder einem Sparschäler in dünne Spaghetti. Bringen Sie in der Zwischenzeit Salzwasser in einem kleinen Topf zum Kochen.

2 Blanchieren Sie die Zucchinispaghetti für 20 Sekunden in dem kochenden Salzwasser.

3 Schrecken Sie sie mit kaltem Wasser ab. Lassen Sie die Spaghetti jetzt gut abtropfen.

4 Kochen Sie das Ei und vierteln Sie es.

5 Servieren Sie die Zucchinispaghetti gemeinsam mit einer Scheibe Lachs und einem Stück Ei auf einem kleinen Teller.

6 Geben Sie Salz, Pfeffer, ein Blatt Minze und ein wenig Olivenöl darüber.

MUSCHELGAZPACHO

4 Port. | 25 Min. | Leicht

Zutaten

250 g seeländische Muscheln
2 Stangen Sellerie
100 ml Weißwein, trocken
1 Gurke
1 rote Paprika
1 Zwiebel
1 Zehe Knoblauch
400 g aromatisierte Tomatenwürfel
3 EL Olivenöl
Salz, Pfeffer, Cayennepfeffer
Petersilie, frisch

Nährwerte p. P.

309 kcal
211 g Kohlenhydrate
16 g Fett
11 g Eiweiß

1 Waschen Sie die Muscheln gut ab und sortieren Sie offene oder beschädigte Muscheln aus.

2 Waschen Sie den Sellerie und schneiden Sie ihn in dünne Scheiben.

3 Erhitzen Sie Öl in einem großen Topf und dünsten Sie den Sellerie darin an.

4 Löschen Sie ihn mit dem Wein ab und geben Sie die Muscheln hinzu.

5 Garen Sie die Muscheln 6 Min. lang. Halten Sie den Topf dabei geschlossen. Die Muscheln sollten sich nach dieser Zeit geöffnet haben.

6 Tropfen Sie die Mischung ab und lassen Sie sie abkühlen.

7 Bereiten Sie nun Paprika, Gurke, Zwiebel und Knoblauch vor. Schneiden Sie alles in kleine, mundgerechte Stücke.

8 Pürieren Sie ¾ der Gurke, die Paprika, Zwiebel, Knoblauch, die Tomatenwürfel und Gewürze im Mixer zu einer Soße.

9 Lassen Sie sie im Kühlschrank erkalten.

10 Servieren Sie die Soße zusammen mit der restlichen Gurke, den Muscheln und etwas frischer Petersilie in einem kleinen Dessertglas.

Tipp: Die Gurkenstücke können als Topping verwendet werden oder separat zum Gazpacho gereicht werden.

NUDELN MIT SCAMPI – IN BELGISCHER TOMATENSOSSE

4 Port. | 30 Min. | Leicht

Zutaten

450 g Scampi, geschält (tiefgekühlt)
400 g Nudeln nach Wahl
400 g Romastrauchtomaten
250 ml Sahne
3 EL Tomatenmark
1 Bund Petersilie, gehackt
2 Schalotten
2 Zehen Knoblauch
4 EL Olivenöl
Salz, Pfeffer, Paprikapulver

Nährwerte p. P.

384 kcal
39 g Kohlenhydrate
14 g Fett
22 g Eiweiß

1 Lassen Sie die Scampi auftauen und trocknen Sie sie mit Küchentüchern ab.

2 Braten Sie sie nun mit 2 EL Olivenöl in der heißen Pfanne an.

3 Würzen Sie sie mit Salz und Pfeffer. Halten Sie sie warm.

4 Kochen Sie zeitgleich die Nudeln bissfest in Salzwasser.

5 Fangen Sie beim Abgießen der Nudeln eine Tasse Nudelwasser auf.

6 Braten Sie die geschälten und klein gehackten Schalotten und den gepressten Knoblauch im restlichen Öl an und vermengen Sie alles mit Sahne, Tomatenmark und den Gewürzen. Geben Sie das Nudelwasser hinzu und kochen Sie die Soße auf.

7 Servieren Sie die Nudeln mit der Soße. Halbieren Sie die Tomaten und garnieren Sie die Teller damit.

8 Geben Sie nach Belieben etwas frische Kräuter und etwas Olivenöl auf die Nudeln..

LACHSBROT – MIT SPINAT

4 Brote | 10 Min. | Leicht

Zutaten

2 Lachsfilets
8 Scheiben Eiweißbrot
120 g sämiger Quark
2 Avocados
100 g Spinat (tiefgekühlt)
2 Hände bunter Blattsalat
Saft einer Limette
½ rote Zwiebel
1 EL Olivenöl
Pfeffer, Salz, Paprikapulver

Nährwerte p. P.

216 kcal
98 g Kohlenhydrate
16 g Fett
28 g Eiweiß

1 Lassen Sie den Blattspinat auftauen und gut abtropfen. Rühren Sie ihn unter den Quark und schmecken Sie ihn mit den Gewürzen ab.

2 Erhitzen Sie Olivenöl in einer Pfanne und braten Sie den Lachs darin an. Zerteilen Sie das Fleisch im Anschluss mit einer Gabel.

3 Schälen Sie Avocados und Zwiebel. Schneiden Sie sie in kleine Stücke und vermengen Sie die Stücke mit dem Limettensaft.

4 Belegen Sie die Brotscheiben mit Salat, bestreichen Sie sie mit Spinataufstrich. Geben Sie nun Lachs und die Avocado-Zwiebel-Mischung darauf.

5 Geben Sie nun eine weitere Brotscheibe darauf, damit ein Sandwich entsteht.

BELGISCHER FISCHBURGER – MIT PANIERTEM LACHS

4 Burger | 30 Min. | Mittel

Zutaten

4 Hamburgerbrötchen
4 panierte Lachsburger
4 EL Olivenöl
2 Tomaten
1 Gurke
1 rote Zwiebel
4 EL Remoulade
1 Bund Radieschen
Salz, Pfeffer

Nährwerte p. P.

432 kcal
198 g Kohlenhydrate
22 g Fett
18 g Eiweiß

1 Waschen Sie die Radieschen, Tomaten und Gurke und schneiden Sie diese in dicke Scheiben.

2 Schälen Sie die Zwiebel und schneiden Sie sie in große Ringe.

3 Braten Sie die fertig panierten Lachsburger in dem erhitzten Olivenöl an.

4 Halbieren Sie die Burgerbrötchen und bestreichen Sie beide Hälften mit Remoulade.

5 Geben Sie die noch warmen Lachsburger darauf. Belegen Sie die Burger nach Belieben mit Gurken, Zwiebeln, Radieschen und Tomaten.

6 Würzen Sie die Brote je nach Geschmack mit Salz und Pfeffer.

7 Geben Sie die obere Hälfte auf die belegte Seite – fertig!

Tipp: Dazu schmecken klassische belgische Pommes oder ein frischer Salat.

SPINATNUDELN - MIT LACHS

4 Port. | 25 Min. | Leicht

Zutaten

200 g Spinat
250 g Nudeln nach Wahl
1 Zehe Knoblauch
150 g Kräuterfrischkäse
200 g Lachsfilet
200 ml Sahne
2 EL Schnittlauch, gehackt
Salz, Pfeffer, Paprikapulver

Nährwerte p. P.

202 kcal
114 g Kohlenhydrate
18 g Fett
11 g Eiweiß

1 Waschen Sie den Lachs, tupfen Sie ihn trocken und schneiden Sie ihn in kleine Würfel.

2 Vermengen Sie Sahne, Lachswürfel, Spinat, Frischkäse, gepressten Knoblauch und Gewürze in einer Auflaufform.

3 Backen Sie die Mischung im vorgeheizten Backofen bei 200 Grad für 20 Min..

4 Kochen Sie in der Zwischenzeit die Nudeln bissfest.

5 Tropfen Sie die Nudeln gut ab und vermengen Sie sie anschließend mit der Soße in der Auflaufform.

6 Garnieren Sie das Nudelgericht mit dem gehackten Schnittlauch.

Vegetarische Hauptspeisen

CHAPEAU DE BRICK AUX LÉGUMES |

FILOTEIGTASCHEN MIT GEMÜSEFÜLLUNG

2 Port. 25 Min. Leicht

Zutaten

2 Körbchen aus Filoteig, gebacken (z. B. in einer Muffinform)
5 EL Bier
5 EL Sahne
1 Stange Staudensellerie
2 Möhren
¼ Wirsing
2 rote Zwiebeln
2 Cornichons
Salz, Pfeffer, Butter, Käse

1 Zunächst die Vorbereitung: Waschen, schälen und schneiden Sie das Gemüse in kleine Würfel.

2 Dünsten Sie das Gemüse zusammen mit der Butter in einem großen Topf an. Schmecken Sie es anschließend mit Salz und Pfeffer ab.

3 Löschen Sie die Gemüsemischung mit dem Bier und der Sahne ab. Lassen Sie alles für etwa 5 Min. aufkochen.

4 Befüllen Sie die gebackenen Körbchen mit dem Gemüse und bestreuen Sie sie nach Belieben mit Salz, Pfeffer, Käse und Cornichons.

Nährwerte p. P.

248 kcal
33 g Kohlenhydrate
12 g Fett
2 g Eiweiß

Tipp: Das Gemüse kann nicht nur als Füllung genutzt werden. Mit einem Sparschäler können schöne Streifen entstehen, die anschließend zum Garnieren verwendet werden können.

BRÜSSELER KARTOFFELGRATIN

4 Port. 50 Min. Leicht

Zutaten

800 ml Gemüsebrühe
800 g Kartoffeln
300 g Rosenkohl, tiefgekühlt
4 rote Zwiebeln
4 EL Öl
200 g Schmand
150 g Käse, gerieben
70 g Kräuterbutter
Salz, Pfeffer, Kreuzkümmel

Nährwerte p. P.

730 kcal
88 g Kohlenhydrate
31 g Fett
32 g Eiweiß

1 Heizen Sie den Backofen auf 175 Grad Umluft vor.

2 Kochen Sie die Gemüsebrühe in einem Topf auf. Schälen Sie die Kartoffeln und schneiden Sie sie in dünne Scheiben. Blanchieren Sie diese etwa 5 Min. in der Brühe.

3 Nehmen Sie sie heraus und lassen Sie sie in einem Sieb gut abtropfen.

4 Kochen Sie nun den Rosenkohl für 10 Min. in der Brühe.

5 Schälen Sie die Zwiebeln und schneiden Sie sie in feine Würfel. Erhitzen Sie das Öl in einer Pfanne und dünsten Sie die Zwiebelwürfel darin an. Braten Sie die Kartoffelscheiben und den Rosenkohl kurz mit an.

6 Geben Sie alles in eine große Auflaufform. Mit Salz und Pfeffer und Kreuzkümmel würzen.

7 Vermengen Sie den Schmand mit der restlichen Gemüsebrühe und geben Sie die Mischung über das Gemüse.

8 Verteilen Sie nun den Käse und die Kräuterbutter gleichmäßig über dem Auflauf. Backen Sie ihn im Anschluss für etwa 25 Min.. Der Käse sollte goldbraun sein.

Tipp: Der Gemüseauflauf kann als vegetarische Hauptspeise serviert werden oder als Beilage zu einem Fleischmenü.

BELGISCHES ENDIVIENPÜREE

4 Port. 30 Min. Leicht

Zutaten

400 g Endiviensalat
600 g Kartoffeln
1 Zwiebel
100 g Käse, gerieben
2 EL Senf
150 g Crème fraîche
Muskat, Salz, Pfeffer
200 ml Milch
2 EL Butter

Nährwerte p. P.

569 kcal
77 g Kohlenhydrate
22 g Fett
18 g Eiweiß

1 Schälen und schneiden Sie die Kartoffeln in kleine Würfel oder Scheiben. Kochen Sie die Kartoffeln in der Milch und den Gewürzen. Verarbeiten Sie sie nach etwa 20 Min. mit einem Kartoffelstampfer oder einer Gabel zu Püree.

2 Waschen Sie den Salat und schneiden Sie ihn in grobe Stücke.

3 Hacken Sie die Zwiebel in feine Würfel.

4 Erhitzen Sie die Butter in einem großen Topf und dünsten Sie die Zwiebel darin an.

5 Geben Sie den Salat hinzu und würzen Sie die Mischung kräftig mit Salz, Pfeffer und Senf ab. Rühren Sie anschließend das Crème fraîche unter.

6 Heizen Sie den Backofen auf 200 Grad Ober-/Unterhitze vor.

7 Vermengen Sie nun Kartoffelpüree mit der Salatmischung und schmecken Sie sie erneut ab.

8 Geben Sie das Gemüse in eine Auflaufform. Verteilen Sie den geriebenen Käse gleichmäßig darüber.

9 Backen Sie den Auflauf für 20 Min. im Backofen. Der Käse sollte noch etwas weich und nicht zu braun sein.

Tipp: Der gehaltvolle Auflauf kann vegetarisch, als Hauptspeise serviert werden. Eine weitere Variante kann mit Speck oder gekochtem Schinken gereicht werden.

KARTOFFEL-LAUCH-WAFFELN

4 Stk. | 45 Min. | Leicht

Zutaten

2 TL Trockenhefe
50 g Dinkelmehl
100 ml Milch, lauwarm
2 Eier
500 g Kartoffeln, mehligkochend
1 Stange Lauch
1 Stück Ingwer
Salz, Pfeffer, Muskat
Öl für das Waffeleisen

Nährwerte p. P.

140 kcal
61 g Kohlenhydrate
2 g Fett
1 g Eiweiß

1 Bereiten Sie aus Mehl, Hefe, Eiern und Milch zunächst einen Teig zu. Rühren Sie ihn mit den Rührstäben des Handrührgeräts einige Min. lang auf höchster Stufe.

2 Waschen und reiben Sie das gesamte Gemüse nun in den Teig.

3 Würzen Sie ihn kräftig mit Salz, Pfeffer und Muskat.

4 Lassen Sie ihn 15 Min. an einem warmen Ort gehen.

5 Heizen Sie in der Zwischenzeit das Waffeleisen vor. Fetten Sie es ein und geben Sie den Teig löffelweise hinein.

6 Backen Sie den Teig nach und nach aus und fetten Sie das Waffeleisen nach jeder Waffel neu ein.

Tipp: Servieren Sie zu den Waffeln einen beliebigen Dip.

Desserts

KROKETTEN – MIT SCHOKOLADENFÜLLUNG UND BELGISCHEM WHISKEY

20 Stk.. 30 Min. Leicht

Zutaten

250 g Schokolade
50 g Butter
50 g Glukose
50 g Zucker
250 ml Sahne
30 ml Whiskey
5 Safranfäden
1 Apfel
1 Birne
Vanilleschote
1 EL Mandeln, gemahlen
4 EL Wasser
Puderzucker
100 g Mehl
1 Ei
5 EL Öl

Nährwerte p. P.

190 kcal
19 g Kohlenhydrate
12 g Fett
2 g Eiweiß

1 Geben Sie Sahne, Whiskey, Glukose, Zucker, Butter und die Safranfäden in einen Topf und erhitzen Sie die Masse langsam, bis die Butter vollständig geschmolzen ist.

2 Geben Sie die Masse nun gemeinsam mit der Schokolade in einen Mixer und pürieren Sie alles miteinander. Geben Sie die Schokoladenmischung in Eiswürfelförmchen oder runde, dafür vorgesehene, Pralinenformen. Lassen Sie sie mindestens 30 Min. im Kühlschrank abkühlen.

3 Schälen Sie in der Zwischenzeit Apfel und Birne und schneiden Sie sie in kleine, dünne Stücke. Halbieren Sie die Vanilleschote der Länge nach und pressen Sie das Mark heraus. Geben Sie die Hälfte des Marks mit dem Obst, dem Wasser und den Mandeln in einen kleinen Topf und lassen alles bei geringer Wärmezufuhr für etwa 5 Min. erhitzen.

4 Nehmen Sie nun die Schokoladenkugeln aus dem Kühlschrank und marinieren Sie sie in dem Mehl und anschließend im verquirlten Ei.

5 Frittieren Sie die Kroketten nun kurz im heißen Öl und bestäuben Sie sie mit Puderzucker, solange sie noch warm sind.

6 Richten Sie die Kroketten mit der Apfel-Birnen-Mischung an.

TARTE AU RIZ |

BELGISCHER MILCHREISKUCHEN

10 Stk. | 3 Std. | Mittel

Zutaten

Für den Milchreis:

180 g Rundkornreis (z. B. Risotto-Reis „Arborio")
1 Liter Vollmilch (3,8 % Fett)
150 g Zucker
1 Zimtstange
1 Ei (verquirlt)

Für den Teig:

100 g Mehl
20 g Zucker
25 g weiche Butter
50 ml lauwarmes Wasser
5 g Hefe
1 Prise Salz

Nährwerte p. P.

141 kcal
29 g Kohlenhydrate
1 g Fett
2 g Eiweiß

1 Bringen Sie die Milch in einem großen Topf langsam zum Kochen. Dabei sollte sie stets umgerührt werden, damit nichts anbrennt. Geben Sie den Reis hinzu, sobald die Milch beginnt, zu köcheln.

2 Unter ständigem Rühren sollte der Milchreis nun 10 Min. bei geringer Wärmezufuhr köcheln. Geben Sie nun die ganze Zimtstange und den Zucker hinzu und lassen Sie den Milchreis erneut für 15 Min. köcheln.

3 Bereiten Sie nun den Hefeteig zu. Vermengen Sie zunächst die Hefe mit dem Wasser und anschließend mit den übrigen Zutaten für den Teig. Kneten Sie mit einem Handrührgerät oder den Händen eine Kugel und lassen Sie diese für 15 Min. an einem warmen Ort ruhen.

4 Rollen Sie den Teig nun auf einer bemehlten Arbeitsfläche aus und füllen Sie die Tarteform (18 cm) damit aus.

5 Verquirlen Sie das Ei und rühren es unter den Milchreis. Füllen Sie den Milchreis nun auf den Teig. Backen Sie die Tarte nun bei 230 Grad Ober-/Unterhitze für 50 Min. im vorgeheizten Backofen. Bedecken Sie die Tarte nach 30 Min. mit einem passenden Deckel oder einem Stück Backpapier, damit die Oberfläche nicht zu dunkel wird.

Tipp: Damit eine Bindung entsteht und der Kuchen seine Form behält, sollte er vor dem Anschneiden mindestens 3 Std. auskühlen.

APFELTAART |

BELGISCHER APFELKUCHEN

12 Stk. 50 Min. Leicht

Zutaten

50 g weiche Butter
2 Eier
50 g Zucker
10 ml Eierlikör (optional)
1 Prise Salz
1 Packung Backpulver
50 g Mehl
500 g Äpfel
50 g Puderzucker
1 Packung Vanillezucker
30 ml Eierlikör
50 ml Schlagsahne

Nährwerte p. P.

1.050 kcal
30 g Kohlenhydrate
13 g Fett
2 g Eiweiß

1 Bereiten Sie zunächst die Äpfel vor. Diese sollten sorgfältig geschält und in kleine Stücke oder dünne Scheiben geschnitten werden. Heizen Sie den Backofen auf 200 Grad Ober-/Unterhitze vor.

2 Schmelzen Sie die Butter in einem Topf und lassen Sie sie wieder abkühlen. Eier, Puderzucker, Eierlikör und Salz unterrühren. Backpulver, Mehl, Zucker und die Apfelstücke kurz untermischen.

3 Geben Sie den Teig in eine eingefettete Springform. Lassen Sie ihn für etwa 45 Min. im Backofen backen, bis die Oberfläche des Kuchens goldbraun ist.

4 Lassen Sie den Kuchen auf einem Kuchengitter vollständig auskühlen. Schlagen Sie die Sahne mit dem Eierlikör steif und servieren Sie sie zum Kuchen.

Tipp: Wer keine Sahne mag, kann den Kuchen auch mit Puderzucker bestreuen.

HEFETEIGKUCHEN MIT OBST

6 Stk. | 2,5 Std. | Mittel

Zutaten

Für die Füllung:

550 g Aprikosen, frisch
1 EL Butter
3 EL Zucker

Für den Hefeteig:

250 g Mehl
42 g Hefe (1 Würfel)
50 g Butter
30 g Zucker
100 ml Milch
1 Prise Salz
1 TL Abrieb einer Zitrone
Nach Belieben Puderzucker oder Sahne

Nährwerte p. P.

303 kcal
47 g Kohlenhydrate
9 g Fett
4 g Eiweiß

1 Erwärmen Sie zunächst die Milch langsam in einem kleinen Topf und lösen Sie darin die Hefe gemeinsam mit einer 1 EL Zucker auf.

2 Geben Sie das Mehl in eine große Schüssel. Fügen Sie Butter, Zucker, Zitronenabrieb, Salz und die Hefemilch hinzu und kneten Sie alles zu einem glatten Teig. Dieser sollte nicht mehr an der Schüssel kleben bleiben.

3 Lassen Sie den Hefeteig für 45 Min. an einem warmen Ort gehen.

4 Waschen Sie in der Zwischenzeit die Aprikosen. Halbieren und entkernen Sie diese und bringen Sie sie gemeinsam mit 1 EL Butter und 2 EL Zucker in einem kleinen Topf zum Kochen. Die Masse sollte für 10 Min. bei geringer Wärmezufuhr köcheln.

5 Heizen Sie nun den Backofen auf 200 Grad Ober-/Unterhitze vor.

6 Verteilen Sie ⅔ des Teigs dünn in einer eingefetteten Springform. Geben Sie nun die abgekühlte Aprikosenmasse darauf.

7 Rollen Sie den restlichen Teig dünn auf der bemehlten Arbeitsfläche aus und schneiden Sie etwa 10 dünne Streifen daraus. Legen Sie diese rautenförmig auf die Obstschicht. Geben Sie den Kuchen für etwa 25 Min. in den Backofen. Auskühlen lassen und mit Puderzucker oder Sahne servieren.

SCHOKO-KÄSEKUCHEN-TORTE

12 Stk. | 3 Std. | Anspruchsvoll

Zutaten

Für den Pudding:
200 ml Milch
½ Pck. Vanillepuddingpulver für 250 ml Flüssigkeit
Puderzucker zum Bestäuben

Für die Quarkcreme:
3 Eier
800 g Magerquark
150 g Zucker
1 Pck. Schokopuddingpulver für 500 ml Flüssigkeit
Salz

Für die Glasur:
250 g Zartbitterschokolade
40 g Butter

Für den Teig:
160 g Mehl
50 g Zucker
Salz
1 Ei
2 EL Kakaopulver
100 g Butter

Nährwerte p. P.
310 kcal
38 g Kohlenhydrate
12 g Fett
13 g Eiweiß

1 Vermengen Sie zunächst alle festen Zutaten für den Teig miteinander. Geben Sie Butter, Zucker und das Ei hinzu und kneten Sie einen festen Teig. Lassen Sie den Teig für 30 Min. im Kühlschrank ruhen.

2 Bereiten Sie in der Zwischenzeit den Pudding vor. Verrühren Sie 2 EL Puddingpulver und Milch miteinander und bringen Sie die übrige Milch in einem großen Topf zum Kochen. Sobald die Milch hochkocht, nehmen Sie den Topf von der Herdplatte und rühren das Pulver-Milch-Gemisch ein. Lassen Sie den Pudding bei geringer Wärmezufuhr kurz aufkochen und im Anschluss abkühlen.

3 Nun ist die Quarkcreme an der Reihe: Trennen Sie die Eier und schlagen Sie das Eiweiß steif. Verrühren Sie Eigelb, Quark und Puddingpulver miteinander. Heben Sie das Eiweiß und das Salz kurz unter.

4 Heizen Sie den Backofen auf 180 Grad Ober-/Unterhitze vor.

5 Nehmen Sie nun den vorbereiteten Teig aus dem Kühlschrank und verteilen Sie ihn in einer gefetteten Springform.

6 Geben Sie nun die Quarkmasse und anschließend die Puddingmasse darüber.

7 Backen Sie den Kuchen für etwa 50 Min. im Backofen. Lassen Sie ihn in der Form auskühlen.

8 Bereiten Sie nach dem Abkühlen die Glasur vor. Geben Sie dafür Butter und Schokolade in ein Wasserbad. Verteilen Sie die Glasur gleichmäßig auf dem Kuchen und lassen Sie sie vollständig trocknen. Bestäuben Sie den Kuchen nach Belieben mit Puderzucker.

PRALINEN-MUFFINS – AUF BELGISCHE ART

12 Stk. 25 Min. Leicht

Zutaten

280 g Mehl
2 EL Kakaopulver
2 ½ TL Backpulver
½ TL Natron
1 Ei
120 g Zucker
80 ml Pflanzenöl
300 ml Buttermilch

Für die Füllung:

12 belgische Meeresfrüchte-Pralinen

Für den Guss:

100 g Vollmilchkuvertüre
1 EL Butter

Nährwerte p. P.

308 kcal
38 g Kohlenhydrate
15 g Fett
4 g Eiweiß

1 Vorbereitung: Legen Sie entweder Papierbackformen in die Muffinform oder fetten das Blech gut ein. Heizen Sie den Ofen auf 180 Grad Ober-/Unterhitze vor.

2 Vermengen Sie zunächst Mehl, Backpulver, Kakaopulver und Natron miteinander. Verquirlen Sie in einer separaten Schüssel das Ei und geben es gemeinsam mit Zucker, Öl und der Milch zum Mehlgemisch.

3 Verrühren Sie den Teig mit einem Handrührgerät, bis sich alles gut miteinander vermengt hat.

4 Füllen Sie die Muffinformen nun zur Hälfte. Geben Sie eine Praline auf den Teig und befüllen Sie die Form dann mit dem übrigen Teig.

5 Backen Sie die Muffins 20 - 25 Min. im Backofen.

6 Lassen Sie die Muffins auskühlen und bereiten Sie in der Zwischenzeit den Guss vor.

7 Schmelzen Sie dafür Butter und Schokolade in einem Wasserbad. Verteilen Sie die Masse im Anschluss auf die vollständig ausgekühlten Muffins. Lassen Sie den Guss vor dem Servieren vollständig trocknen.

HIMBEERDESSERT – MILCHSHAKE

2 Port. 5 Min. Leicht

Zutaten

500 g Himbeeren
4 Kugeln Vanilleeis
75 ml Milch
250 ml Sahne
20 g Zucker
4 EL Himbeeressig
4 Basilikumblätter

Nährwerte p. P.

780 kcal
70 g Kohlenhydrate
48 g Fett
10 g Eiweiß

1 Geben Sie Eis, Himbeeren, Milch, Sahne und Zucker in einen Mixer und pürieren Sie es für 1 Minute auf der höchsten Stufe.

2 Der Milchshake sollte eine Masse sein und Leicht schäumen.

3 Schmecken Sie ihn nun mit dem Himbeeressig ab und servieren Sie ihn mit den Basilikumblättern.

Tipp: Belgien ist bekannt für die zahlreichen Sorten Himbeeressig. Um etwas mehr Frische in den Shake zu bringen, pressen Sie etwas Zitronensaft hinein.

MATTENTAART |

BELGISCHE KÄSEKÜCHLEIN

5 kl. Kuchen | 2 Std. + Vorbereitung am Vortag | Mittel

Zutaten

1,5 Liter Milch
2 Eiweiß
2 Eigelbe
Salz
½ Liter Buttermilch
60 g Mandeln, gemahlen
55 g Puderzucker
300 g Blätterteig, aus dem Kühlregal
1 EL Butter
1 Tropfen Mandel-Aroma

Außerdem:

1 Eigelb
1 EL Milch

Nährwerte p. P.

322 kcal
164 g Kohlenhydrate
12 g Fett
9 g Eiweiß

1 Bereiten Sie bereits am Vortag einen Quark zu. Kochen Sie dafür die Milch und die Buttermilch gemeinsam in einem Topf gut auf. Lassen Sie die Milch 15 Min. lang kochen, bis Quark entsteht.

2 Sieben Sie die Mischung durch ein sauberes Küchentuch. Lassen Sie die Mischung am besten über Nacht durch das Sieb tropfen.

3 Bereiten Sie am nächsten Tag den Teig zu. Schlagen Sie zunächst das Eiweiß mit dem Salz steif.

4 Schlagen Sie in einer separaten Schüssel Quark, Eigelb, Zucker und Mandeln schaumig auf. Heben Sie nun das Eiweiß vorsichtig unter. Rühren Sie nun einen Tropfen Mandel-Aroma unter.

5 Heizen Sie den Backofen auf 200 Grad Ober-/Unterhitze vor und fetten Sie fünf kleine Förmchen (ca. 10 cm Durchmesser) mit der Butter ein.

6 Stechen oder schneiden Sie 10 Kreise aus dem Blätterteig aus. Sie sollten etwa 1 cm größer sein als die Formen.

7 Geben Sie nun jeweils einen Kreis in eine Form. Füllen Sie mit Teig aus und geben Sie einen weiteren Kreis darauf.

8 Bestreichen Sie die Küchlein mit einer Mischung aus Eigelb und Milch und geben Sie sie für 10 Min. in den Backofen.

HERZHAFTE KÄSEWAFFELN – BELGISCHE WAFFELN MIT KÄSE

4 Stk. | 20 Min. | Leicht

Zutaten

200 g Mehl
¼ Liter Buttermilch
75 ml Sahne
2 Eier
100 g belgischer Käse, gerieben
Salz, Pfeffer
1 TL Thymian

Nährwerte p. P.

366 kcal
38 g Kohlenhydrate
15 g Fett
17 g Eiweiß

1 Vermengen Sie alle Zutaten bis auf Salz, Pfeffer und Thymian in einer großen Schüssel miteinander. Nutzen Sie dafür die Rühraufsätze des Handrührgeräts.

2 Schmecken Sie den Teig mit Salz, Pfeffer und Thymian ab.

3 Erhitzen Sie etwas Öl in einem Waffeleisen und backen Sie den Teig nach und nach im heißen Waffeleisen.

4 Servieren Sie die Waffeln warm, damit der Käse noch weich ist.

Tipp: Diese schnell zubereiteten Waffeln können als Dessert oder Snack serviert werden. Mit einem Salat werden sie zur Hauptspeise.

EIS MIT FLÄMISCHEN SPEKULATIUS

8 Port. | 10 Min. | Mittel

Zutaten

4 Eigelbe
120 g Zucker
1 Prise Salz
400 ml Milch
1 Pck. Vanillezucker
1 TL Zimt
250 ml Sahne
200 g Spekulatius

Nährwerte p. P.

280 kcal
33 g Kohlenhydrate
14 g Fett
6 g Eiweiß

1 Schlagen Sie Eigelbe, Zucker und Salz schaumig auf. Geben Sie langsam und unter ständigem Rühren die Milch, den Vanillezucker und den Zimt hinzu.

2 Erhitzen Sie ein Wasserbad und geben Sie die Schüssel mit der Mischung darauf.

3 Vermengen Sie die Zutaten so lange miteinander, bis der Teig beginnt, fest zu werden. Er sollte jedoch nicht zu fest sein. Abkühlen lassen.

4 Schlagen Sie in der Zwischenzeit die Sahne steif und pürieren oder hacken Sie die Spekulatius.

5 Schlagen Sie die Eigelbmischung noch einmal auf der höchsten Stufe auf.

6 Heben Sie nun Sahne und Spekulatius unter.

Tipp: Dazu schmeckt geschlagene Sahne. Je nach Region wird das Eis mit karamellisiertem Chicorée serviert.

Soßen, Cremes & Dips

ORANGENSOẞE – NACH KLASSISCH BELGISCHER ART

4 Port. 10 Min. Leicht

Zutaten

1 kg Orangen
5 EL Zucker
6 Nelken
Die Schale einer ½ Orange
Salz, Pfeffer
Paprikapulver
Speisestärke

Nährwerte p. P.

81 kcal
19 g Kohlenhydrate
1 g Fett
1 g Eiweiß

1 Halbieren Sie die Orangen und pressen Sie ihren Saft aus.

2 Schmecken Sie den Saft mit Zucker, Nelken und den übrigen Gewürzen ab.

3 Lassen Sie alles in einem kleinen Topf aufkochen und rühren Sie etwa 1 TL Speisestärke hinein.

4 Reiben Sie zum Schluss die Schale einer halben Orange in die Soße.

Tipp: Die Soße ist schnell gemacht und schmeckt hervorragend zu deftigem Wildfleisch oder Geflügel.

KOMPOTT MIT MAITRANK – APFELKOMPOTT

1 - 2 Port. | 15 Min. | Leicht

Zutaten

1 Apfel
2 EL Maitrank
1 Zweig frischer Thymian
25 g Zucker
25 g Mehl
25 g Butter
10 ml Apfelsaft

Nährwerte p. P.

237 kcal
80 g Kohlenhydrate
6 g Fett
1 g Eiweiß

1 Schneiden Sie den Apfel in große Stücke und geben Sie ihn in eine Auflaufform. Beträufeln Sie ihn mit Maitrank und Apfelsaft und verteilen Sie die Thymianzweige darauf.

2 Stellen Sie aus Butter, Mehl und Zucker Streusel her. Nutzen Sie dafür die Knethaken des Handrührgerätes.

3 Verteilen Sie die Streusel auf dem Apfel und backen Sie den Auflauf für etwa 10 Min. im Backofen. Die Streusel sollten bereits eine gewisse Bräunung erhalten haben, damit sie schön knusprig sind.

Tipp: Dazu schmeckt ein Vanilleeis.

JOPPIESAUCE: BELGISCHE FRITTENSOSSE – DER KLASSIKER

Ca. 6 – 10 Port. | 10 Min. | Leicht

Zutaten

1 Zwiebel
1 Gewürzgurke
2 Eigelbe
1 TL Senf
1 EL Curryketchup
150 ml Pflanzenöl
1 EL Balsamico
1 TL Currypulver
2 TL Zucker
Salz

Nährwerte p. P.

164 kcal
41 g Kohlenhydrate
11 g Fett
4 g Eiweiß

1 Schälen Sie die Zwiebel und würfeln Sie sie fein. Schneiden Sie auch die Gewürzgurken in feine Stücke.

2 Geben Sie nun alle Zutaten bis auf Zucker, Öl und Salz in ein hohes Gefäß und pürieren Sie sie mit einem Stabmixer. Es sollte eine feste Soße entstehen, in der keine Stücke mehr vorhanden sind. Geben Sie nach und nach das Öl hinzu, damit eine Emulsion entsteht.

3 Schmecken Sie sie mit Zucker und Salz ab.

Tipp: Verbrauchen Sie die Soße innerhalb weniger Tage.

ANDALOUSE SOẞE – EIN WÜRZIGER POMMESBEGLEITER

15 – 20 Port. | 5 Min. | Leicht

Zutaten

150 g Mayonnaise
2 EL Ketchup
1 TL Knoblauchpulver
1 TL Paprikapulver
1 TL Cayennepfeffer
Limettensaft

Nährwerte p. P.

88 kcal
9 g Kohlenhydrate
6 g Fett
2 g Eiweiß

1 Vermengen Sie alle festen Zutaten miteinander, bis eine dickflüssige Soße entsteht.

2 Stellen Sie sie mindestens 30 Min. kalt.

3 Schmecken Sie sie zum Schluss mit Limettensaft ab.

BIER-KÄSE-DIP - EIN KRÄFTIGER DIP, DER ZU POMMES, FLEISCH ODER BAGUETTE PASST

Ca. 20 Port. | 15 Min. | Leicht

Zutaten

200 g Cheddar, herzhaft, gerieben
150 ml belgisches Kellerbier
2 TL Mehl
2 TL Butter
1 Zehe Knoblauch
1 TL Petersilie, gehackt
½ TL Salz
½ TL Pfeffer
Paprikapulver

Nährwerte p. P.

202 kcal
68 g Kohlenhydrate
8 g Fett
5 g Eiweiß

1 Bereiten Sie aus Mehl und Butter zunächst eine Mehlschwitze vor. Dünsten Sie dafür die Butter in einer großen Pfanne an und rühren Sie das Mehl nach und nach unter ständigem Rühren ein.

2 Verringern Sie die Hitze und rühren Sie nun den geriebenen Käse und das Bier ein.

3 Lassen Sie den Dip jetzt abkühlen. Pressen Sie währenddessen die Knoblauchzehe hinein und würzen Sie die Soße kräftig. Garnieren Sie sie im Anschluss mit der Petersilie.

Tipp: Die Soße kann sowohl warm als auch kalt serviert werden.